2020年广东省青少年校园足球专项课题（20SXZPT21）阶段性研究成果
2022年广东省普通高中新课程改革专项课题（GDJY-2022-Ab64）阶段性研究成果

基于体教融合的湛江市中学足球实战情境教学研究

吴亮　孙跃东　著

JIYU TIJIAO RONGHE DE
ZHANJIANGSHI ZHONGXUE ZUQIU
SHIZHAN QINGJING JIAOXUE YANJIU

中南大學出版社
www.csupress.com.cn
·长沙·

前言

Foreword

2020 年，《关于深化体教融合 促进青少年健康发展的意见》出台，明确提出要重点推进学校体育教育的改革与发展。体教融合是教学的重要趋势，其核心在于教学、训练以及竞赛的融合。各级院校应当为学生创设良好的实战竞赛的环境，促使学生在竞赛情境中获得成长与发展。伴随着我国对校园体育重视程度的不断提高，一些教学方法的改革也势在必行，需要积极地尝试与探索更为高效的体育教学模式，避免各学段体育教学方面的不足，为培养新时代的体育人才提供良好的保障。因此，本书通过文献分析法、对比实验法以及数理统计等多样化的方法，对基于实战情境的中学足球教学设计进行研究，通过实验方式来对比实战情境教学法与传统教学方法的差异，以此证明实战情境教学法的重要性及优势，并且为实战情境教学法在中学足球教学中的有效应用提供科学建议，最终达成顺应体教融合的目标，为国家及地方等培养更多的足球人才。

本书共分为七章。第一章系统介绍了本书所研究的问题、目的及意义。第二章系统介绍了体教融合背景下基于实战情境的中学足球教学的相关概念，主要有体教融合、实战情境教学、校园足球等，并对相关文献进行相应的研究。第三章系统概述了我国中学足球教学现状，对广东省湛江市校园足球开展情况进行研究，揭示中学足球教学的基本情况及教学优势、困境等。第四章为中学足球体教融合实践状况研究，深入研究体教融合实施的背景、湛江市中学足球体教融合的基本模式与具体实施情况。基于上述分析，本章还进一步阐述了中学足球体教融合的SWOT分析结果，并据此提出相应的对策建议。第五章为体教融合背景下基于实战情境的中学足球个案研究，以实验教学法的方式将实战情境教学模式应用于广东省湛江市某地区中学足球教学中，细化研究过程，验证其实验成果，并以案例分析的方式重点阐述中学足球实战情境教学对比情况；最后通过分析实验成果提出影响实战情境教学法在中学足球教学中应用的因素，提出相应的建议、保障策略等，为实战情境教学法在中学足球教学中的应用及体教融合目标的实现提供一定的参考。第六章精选了一部分初、高中足球教学设计与案例。第七章对本研究进行了总结，并提出了相关建议。

在本书的撰写过程中，笔者参阅了一些相关领域的学术成果，书中部分教学设计案例由一线体育教师提供，此外笔者还得到了相关实验学校领导的大力支持，在此一并表示感谢。由于时间仓促，加之作者水平有限，本书难免存在不完善的地方，敬请广大读者提出宝贵意见。

目录

Contents

第一章　绪　论

第一节　问题的提出

2020年,《关于深化体教融合 促进青少年健康发展的意见》出台,明确提出要着力推进学校体育教育改革与发展。体教融合的核心在中学体育教学中体现为"教学(学)""训练(练)"和"竞赛(赛)"。本书通过对实战情境教学法持续优化提供合理建议,最终旨在顺应体教融合要求,为国家及地方培养更多的足球人才。

一、践行健康中国行动的路径

2008年1月,卫生部部长陈竺和卫生部党组书记高强在《求是》杂志发表联合署名文章,首次提出了"健康中国"的理论概念。2015年,第十二届全国人大第三次会议提出"健康是群众的基本需求,我们要不断提高医疗卫生水平,打造健康中国";党的十八届五中全会进一步强调了"健康中国建设"的任务要求。2016年,习近平总书记在全国卫生与健康大会上提出要"将健康融入所有政策,人民共建共享",同时强调指出"没有全民健康,就没有全面小康。要把人民健康放在优先发展的战略地位";中共中央、国务院印发了《"健康中国2030"规划纲要》,指出应当以普及健康生活、优化健康服务、完善健康保障、建设健康环境、发展健康产业为重点,将健康融入所有政策,加快转变健康领域发展方式,全方位、全周期维护与保障人民健康,大幅提高健康水平,显著改善健康公平,为实现"两个一百年"奋斗目标和中华民族伟大复兴的中国梦提供坚实健康基础。2017年,习近平总书记在党的十九大报告中将"实施健康中国战略"作为重大决策部署,并且提出"人民健康是民族昌盛和国家富强的重要标志”。2019 年，出台了《健康中国行动(2019—2030 年)》，提出运用较低成本取得较高健康绩效的有效策略，这也是解决当前健康问题的现实途径，是落实健康中国战略的重要举措；同时，鼓励与引导单位、社区、学校、家庭以及个人协同推进，强化跨部门协作，形成对健康有利的生活方式、生态环境以及社会环境，提升人们的健康水平；除此之外，将实施情况作为健康中国建设国家总体考核评价的重要内容，建立考核问责机制。

因此，健康中国已经成为一项全民行动，是每个中国公民的责任及义务。中学体育课程作为学校教育的重要组成部分，具有培养学生身心健康的责任，必然成为中学生践行健康中国行动的重要载体。中学生健康与体育保健相关知识与技能的学习、健康行为和生活方式的养成、心理健康的促进以及疾病的预防等都需要通过体育课程的教学落到实处。因此，运用科学的体育教学方法，坚持“健康第一”的教育理念，提高体育教学质量，提升中学生的健康水平，成为践行健康中国行动的责任与使命。而实战情境教学模式是一项科学有效的教学方法，对于践行健康中国行动的成效具有较强的促进作用。

二、符合体育强国理念下体育高质量和高效益发展的要求

1983 年，国家体委呈送国务院《关于进一步开创体育新局面的请示》，其中展望了 20 世纪末要将我国建设成为体育强国之一，在设定目标中，包含体育人口数量、青年身体形态、体质状况、竞技体育水平、举办体育赛事能力以及体育人才队伍结构等。2008 年，胡锦涛在北京奥运会、残奥会总结表彰大会上的讲话中提出了要进一步推动我国从体育大国向体育强国迈进，重视体育强国的建设不单单是竞技体育的地位领先，也要坚持以增强人民体质、提高全民族身体素质和生活质量为目标，高度重视并充分发挥体育在促进人的全面发展、促进经济社会发展中的重要作用，实现竞技体育和群众体育协调发展。2017 年，习近平总书记在党的十九大报告中指出，到本世纪中叶，要将我国建成富强民主文明和谐美丽的社会主义现代化强国，其中也包含体育强国的目标。实现新时代体育强国的目标应当将体育事业融入实现第一个百年奋斗目标的大格局中，从体育强国梦的角度出发，从中华民族伟大复兴的中国梦实现的角度进行谋划。2019 年，国务院办公厅颁布实施了《体育强国建设纲要》，指出持续提升体育发展的质量和效益，大力推动全民健身与全民健康深度融合，更好发挥举国体制与市场机制相结合的重要作用，不断满足人民对美好生活的需要，努力将体育建设成为中华民族伟大复兴的标志性事业。2022 年，党的二十大报告进一步指出要“广泛开展全民健身活动，加强青少年体育工作，促进群众体育

和竞技体育全面发展，加快建设体育强国”。新时代体育强国建设不仅仅是提高人民健康水平的重要路径，也是提升国家软实力与竞争力、民族自信心、中国国际地位的重要路径，是一项系统的工程，需要包括中学体育教师在内的所有体育工作者有所担当，有所作为，将体育发展推向高质量与高效益的水平。

三、落实国家体育与健康课程标准的现实需要

新中国成立以来，共颁布了七次体育教学大纲，为我国体育教学的发展发挥了积极的作用。但是进入 21 世纪后，党和国家对于人才培养提出了更高的要求，教学大纲也面临着改革，其局限性使得教师教学创造性的发挥受到限制。2001 年，课程标准取代了教学大纲的说法。教学大纲与课程标准之间具有明显的区别。课程标准能够对教师的教学形成间接性、指导性以及启发性的影响，教学大纲对教师则是直接性、细致性以及操作性的影响。其次，相较于教学大纲在内容方面的刚性要求，课程标准则具有一定的弹性，能够为教育教学方式提供灵活处理的空间，也给予了教师更多的教学自主权。但是，由于一些教师已经习惯了教学大纲的方式，产生了一定的依赖性，在教学大纲向课程标准转变的过程中，还是运用教学大纲式的教学思维，将课程标准等同于教学大纲。从 2001 年教育部制定的《体育(1~6 年级)体育与健康(7~12 年级)课程标准(实验稿)》，到十多年后教育部制定的《普通高中体育与健康课程标准(2017 年版)》(以下简称《课程标准》)的出台实施，体育教师在思想与教学观念等方面都发生了较多的变化。然而，在具体的实施过程中，一些体育教师受到传统教学理念的禁锢较深，无法适应改革的需求，在依据课程标准开展体育与健康课程教学的过程中也遇到了诸多的困难。但是这些现象并不是我国独有的。世界各国为了将本国课程标准的理念及精神更好地融入课程教学中，减少教师之间的差异，提升课程标准实施的成效，一般所采用的方式是在课程标准与课堂教学实践之间构建一座桥梁。其中，构建基于本国课程标准的课程模式或教学模式被国内外证实为一项十分有效的方法。

中国体育与健康课程模式，现阶段也是基于我国的国情，根据课程标准的理念及精神，依据“主要矛盾与次要矛盾”的哲学思想，站在中观层面来指导体育教师的课堂教学实际，解决教师不知如何教学的尴尬问题，帮助体育教师更好地满足体育与健康课程标准的要求，提升体育课堂教学的质量及效果。因此，《课程标准》是能够体现国家意志的纲领性与指导性文件，不仅具有法定的性质，而且具有强制性。在中学体育教学中融入实战情境教学法，有助于体育

与健康课程教学质量的提升，也有助于《课程标准》的实施，是当前学校体育教学的重要方式。

四、实现中国健康体育课程模式的需要

2015 年，季浏教授首次提出“中国健康体育课程模式”，这是第一个完全符合《课程标准》并公开发表的体育课程模式(图 1–1)。中国健康体育课程模式指在“健康第一”的理念指导下，结合学校实际情况制定体育学习目标，以此为基础选择体育教学内容、教学方式、学习评价方式，营造良好的课堂氛围，在落实运动负荷、体能练习、运动技能要求的基础上进行体育教学，从而增进学生身心健康的课程范式。

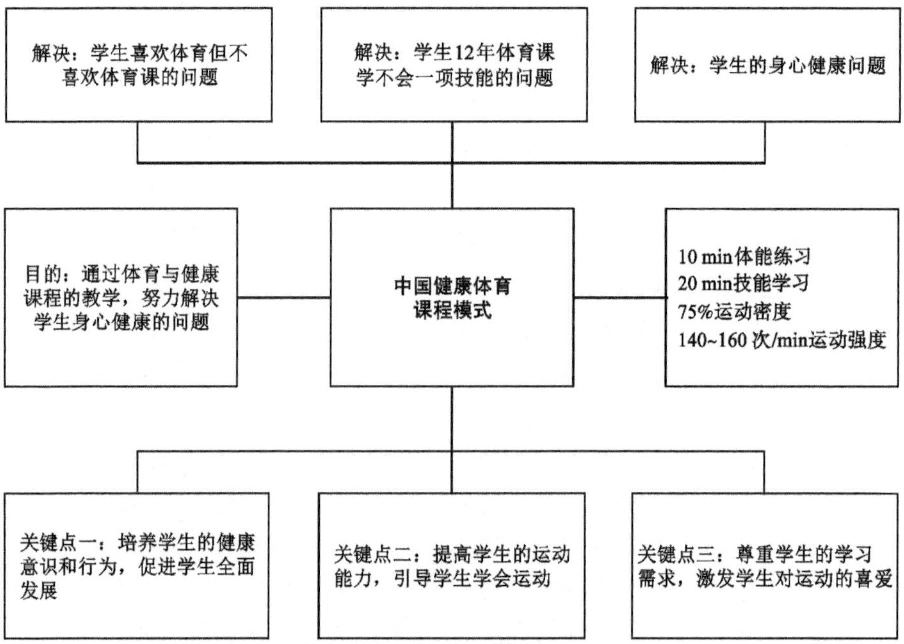

图 1–1 “中国健康体育课程模式”基本内涵

中国健康体育课程模式的推广与实施引起了学校体育工作者的高度重视，该模式在 50 多所实验基地学校开展实验，包括 10 万余名学生参与实验，取得了良好的教学成效，全国越来越多的学校纷纷尝试运用该模式进行实践教学。伴随着中国健康体育课程模式的不断推广与实施，人们对中国健康体育课程的关注点也从“三个关键点”逐渐上升至课程教学过程中的各项细节。比如，中国

健康体育课程模式强调学生运动技能学习需要以活动与比赛为主，每堂课运动技能学习的时间应当保持在 20 分钟左右；单个技术的学习与练习也应当更多地融入活动情境及比赛情境中，以此来有效地提升学生运用技术解决问题的能力。因此，如何在一堂体育课有限的时间内进行比赛情境教学更为合适？不同项目的比赛情境教学是否存在差异？小学、初中以及高中的情境教学时长如何规划？中国健康体育课程模式要求每节课都进行比赛或者展示，比赛情境教学相较于无比赛情境教学，其优势体现在哪里？基于上述背景，本书重点围绕实战情境教学法在中学体育足球教学中的应用进行研究。

五、践行国家体教融合要求的途径

2020 年，国家体育总局、教育部联合出台了《关于深化体教融合 促进青少年健康发展的意见》(以下简称《意见》)，指出应当深化具有中国特色的体教融合发展，培养德智体美劳全面发展的社会主义接班人。体教融合明确提出了树立健康第一的教育理念，要求保障体育课程开足开齐，充分运用丰富多彩的课余训练与竞赛活动，提升青少年的体育水平。为了贯彻实施《意见》的要求，全国各地中学纷纷探索特色体育教育。对于多数中学生来说，足球课程是体育课程的首选。中学足球课程教学是一项既简单又困难的任务，虽然多数中学足球场地条件良好，学生对此学习积极性也高，足球教学便于推广，但是不足之处在于中学足球教学出现了较为严重的同质化现象，难以培养真正的足球人才。因此，本书基于体教融合背景对中学足球教学进行研究，尝试以实战情境教学作为主要方式对中学足球教学进行重新设计，同时对实战情境教学与传统训练教学方法存在的差异进行对比，肯定实战情境教学的优势，点明其对学生足球体质、足球兴趣、足球技术以及足球规则意识的全面提升，以此践行国家体教融合教学要求，促进青少年的健康发展。

第二节　研究目的及意义

一、研究目的

基于体教融合的背景，分析实战情境教学法在中学足球教学中的应用，其目标是顺应我国体教融合提出的要求，对中学足球课程开展全面改革，通过实验对比的形式来验证实战情境教学法的有效性，同时进一步挖掘其中存在的不足之处，制订针对性的解决策略，提高中学足球的教学水平，全面促进中学生的健康发展，为国家培养更为优质的体育人才。本书的研究目的主要有以下四个方面。

其一，运用实证研究的方式，将实战情境教学法应用到中学足球教学中，验证其应用成效，以期为提升中学足球教学质量、促进中学生全面发展提供一定的借鉴及参考。

其二，运用实验研究的方法验证基于体教融合背景的实战情境教学法在学生足球体质、足球兴趣、足球技术以及足球规则意识方面的影响效果，为体育教师实现体教融合目标及实战情境教学提供一定的理论支持。

其三，探索实战情境教学法应用的优势、存在的不足，以及对学生学习成果的影响等，提出相应的改进措施，为更好地实施体育课程教学提供启发与思考。

其四，探索基于体教融合背景的实战情境教学对学生的影响机制，为激发足球课堂教学活力、提高体育课程教学质量提供理论参考与实践依据。

二、研究意义

在体教融合背景下，针对中学足球实战情境教学开展研究，具有理论与实践的双重意义。首先，在理论方面，随着《意见》的出台，体教融合的重要性被广泛知晓，为中学体育教育提出了相应的指引，需要借助有效的研究，帮助学校厘清《意见》的理论基础与具体要求，以此更好地助力中学落实《意见》。与此同时，在知网数据库搜索关于实战情境教学及足球教学的文献，发现该领域的相关研究还未形成系统的理论体系，本书的研究有助于丰富该领域的研究成果，为其他学者开展足球实战情境教学提供相应的参考与一定的借鉴。其次，在实践方面，基于《意见》的要求，各地中学纷纷开展了强化体育教育工作，并选择足球项目作为重要的突破口，但在具体落实《意见》的过程中还面临诸多的问题，特别是在提升足球教学水平方面遭遇瓶颈。本书选择广东省湛江市的中学为案例进行深入分析，旨在切实解决中学在足球教学过程中遇到的实际问题，同时提出一系列具有针对性的优化建议，以期为提升中学足球教学水平提供一定的保障和支持。

（一）理论意义

首先，有助于丰富中学体育课程教学理论。袁振国在《教育新理念》中指出教学研究的重点在于“教学的有效性研究”，教学的根本目标是促进学生的学习与发展，激发与调动学生的学习积极性、主动性以及自觉性，这也是有效教学的基础及出发点。提供与创设适当的教学条件、促进学生的有效学习等是有效教学的实质及核心。因此，本书通过对实战情境教学模式的研究及创设比赛情境的模式来提升足球教学的有效性，丰富体育教学理论体系的内容，促进体育教学理论的发展。另外，本书基于体教融合分析实战情境教学对中学生运动技能的影响机制，为足球教学课程的实施提供理论依据，获得的结果对充实中学体育教学理论具有一定的现实意义。

其次，丰富中学足球教学的策略。本书围绕中国健康体育课程模式的三个关键要点进行实战情境教学的设计，从教学内容与教学方法两个方面，分析了激发体育课堂活动，帮助学生学会一项运动技能的可能性及现实性。教学的过程中所运用的实战情境教学法，倡导学生主动参与，通过实战的学习方法来完成教师布置的任务。每个学生都被赋予不同的角色，并且承担与角色相应的责任，充分发挥学生的主观能动性，可以有效地改变当前体育教师教学无法顾及所有学生的困境。因此，体教融合背景下实战情境教学法是一个全新的教学策略，有助于焕发课堂教学活力，提高体育课堂教学质量，同时，也为个性化的教学创造了良好的条件，为足球教学及体育教学的有效实施提供了可供参考的思路。

（二）实践意义

第一，为足球体育教学提供新思路和新方法。基于体教融合背景的实战情境教学的教学设计、思路和方法，能够为体育教师开展基于体教融合的足球教学实践提供借鉴与参考，有助于增强体育教师对国家体育课程标准的理解。

第二，基于学习目标的效果评价可以为足球教学提供相应参考。基于体教融合的实战情境教学设计，其学习目标一般是依据学科核心素养的内容来制定。其中，运动能力的学习目标包含体能发展、运动技能水平提升，健康行为的目标包含促进学生交往与合作，体育品德学习目标包含展现相互合作的学习精神。本书的研究基于学习目标确定从体能、运动技能以及合作倾向三个方面来探索教学效果。这是一种基于学习目标的多元效果评价，能够为中学足球教学提供相应的借鉴与参考。

第三，研究结论对中学足球教学具有一定的引导价值。本书积极探索基于体教融合的中学足球实战情境教学的影响机制，获得的结论对于提升足球教学质量、体育课程教学质量以及促进学生身心健康发展等都具有一定的参考价值，同时中间变量的验证结果也对中学足球课程教学具有一定的引导价值。

第四，对落实《课程标准》的理念、推行新课程改革具有积极的促进作用。基于体教融合的课程改革是一项系统的工程，实战情境教学模式是《课程标准》与课堂教学之间的桥梁，努力实践该模式与落实《课程标准》要求是一致的。实战情境教学模式的主要目标是通过体育课程教学，解决青少年体质健康水平持续下降的问题，改变青少年学生在体育活动与学习生活中出现的意志薄弱、精力不足、缺乏交往、性格孤僻以及焦虑抑郁的不良心理倾向，与新课程改革的目标是一致的。因此，将实战情境教学模式应用在中学足球教学中，有助于更好地落实新课程改革。

第二章　相关概念及其文献综述

第一节　相关概念界定

一、校园足球

2009 年，国家体育总局、教育部联合下发《关于开展全国青少年校园足球活动的通知》，校园足球首次被纳入政府文件，形成了以国家体育总局为主导部门，教育部辅助协作的权力结构，目标是提升学生的体质，培养足球后备人才。其内容主要集中在校园足球的普及、师资培训以及竞赛体系建设等方面。2015 年 1 月，教育部发布《教育部关于成立全国青少年校园足球工作领导小组的通知》，校园足球的管理主体也发生了变化，形成了以教育部为主导，国家发展改革委、财政部、新闻出版广电总局、体育总局、共青团中央五部门辅助的多元权力结构。2015 年 3 月，国务院办公厅颁布了《中国足球改革发展总体方案》，将校园足球提升至国家战略的层面。校园足球是落实立德树人根本任务、培育与践行社会主义核心价值观的重要方式，发展校园足球是为了有效推动素质教育，引领学校体育改革创新，增强青少年校园足球发展活力。校园足球的发展目标是通过校园足球活动的开展，提高足球的普及程度，促使学生广泛地参与到足球运动中，提升学生的身体素质、足球技能以及意志品质，形成一大批品学兼优且积极参与足球运动的青少年人才。希望通过足球课程教学模式的改革，形成多样化与因材施教的青少年足球教学体系；运用校园足球联赛，不断提升校园足球运动的水平；运用足球项目，构建完善的教学评价体系，促使足球场地设施、运动安全等方面更加完善，不断形成可持续发展的足球教学体系。

一些专家学者站在政策解读的角度对校园足球进行定义，然后依据现阶段校园足球发展的情况，对校园足球含义进行解读。王炜华(2012)将校园足球解读为在学校开展的与足球相关联的活动，同时，创建了体教合一的培养足球人才的体系的活动，都是校园足球，其目标是不断提升学生的身体素质，培养学生的进取精神及团结精神，促使学生懂得足球的专业知识、具备实战技术等。侯学华(2013)指出校园足球是在学校开展的所有与足球相关联的活动，这些都统称为校园足球，此活动的目标是有效提升学生的身心素质，促使学生成为全面发展的人才。

总而言之，校园足球指的是以教育部为主导，多部门协同发展的国家战略，其宏观目标是以校园足球推动学校体育体制改革，在微观层面上通过校园足球促使学生广泛地参与到足球运动中，获得相应的技能，磨炼品质，成为品学兼优、足球技术水平高的人才，最终实现学生的全面发展。

二、体教融合

20 世纪 80 年代，体育界首先提出了“体教结合”理念，其目的是解决体育系统所遇到的运动员退役后难就业的问题，其主导者是体育部门。但是，由于体育系统与教育系统之间存在壁垒，体教结合在实际的操作过程中存在难度大、运行效果不佳的问题。21 世纪以来，伴随着学生体质健康水平的不断下降，体教融合理念开始得到重视。2020 年 4 月，习近平总书记主持召开的中央全面深化改革委员会第十三次会议审议通过了《关于深化体教融合　促进青少年健康发展的意见》；同年 8 月，国家体育总局、教育部共同印发该意见，要求“深化具有中国特色体教融合发展，推动青少年文化学习和体育锻炼协调发展，促进青少年健康成长、锤炼意志、健全人格，培养德智体美劳全面发展的社会主义建设者和接班人”。此次体教融合面对的是全国接近 3 亿的青少年学生，其目的是推动青少年文化学习与体质健康协调发展。因此，此次体教融合可以认为是教育界提出的。

通过运用多元化的方式对体教融合的资料进行收集与整理，并对相关文献及报道等进行深入分析，可以从中获得体教融合的概念、来源以及具体表述。虽然经过了多年的发展，但是学者们至今都未对体教融合概念形成统一的表述与规范的界定。虽然在词语表达及语义方面存在一定的差异，表现出的侧重点不同，但是在内涵及用意等方面都具备较高的相似度，都是针对体育与教育系统开展的相关研究，旨在寻求教育系统与体育系统之间更好地协同合作。

体教融合指的是一种青少年体育教育的机制，面向全体青少年学生，破除不符合体育规律的壁垒，在教育部门与体育部门之间形成一体化全方位覆盖，充分发挥体育育人的功能，培养文化学习与体质健康协调发展的体育后备人才。本书针对中学足球课程这一载体，探索体育与教育改革的重要作用及价值，在此过程中，重点分析如何才能在体育系统与教育系统中形成优质合力，促进体育系统与教育系统的融合发展，实现各自资源优势互补。针对中学足球这一课程来探究体教融合，既能够解决实践过程中存在的问题，如体教融合机制问题，也能够将此作为主线，实施更加深入的研究与挖掘，探索体教融合的高效运作模式。

三、实战情境教学与足球实战情境教学法

(一)实战情境教学的内涵

实战情境教学指的是教师在体育教学中通过创设比赛活动，引入合作与竞争机制，促使学生在运动实践的过程中培育优秀体育品德、提高运动参与度、提高运动能力的教学方式。实战情境教学的核心是运用竞赛来激发学生的情感，将学生平时被淡化的情感、兴趣、意志、动机以及性格等非认知心理要素重新确定为教学的有机构成，如成就动机、学习热情、自尊心、好胜心以及责任感等，将学生的品质、志向、价值观、性格、兴趣、智力以及体能等充分展现出学生素养的相关内容置于教学的重要位置。建构主义学派代表人物乔纳森指出，学习与认知都是在特定的情境中产生的，应当充分理解与灵活运用某一知识，应当知道知识的适用范围，应当理解知识所产生的背景，只有将个体的认知置于特定的情境中，学生的学习才更有价值。实战情境具有真实性、社会性、实践性以及文化性的特征，可以有效地促进学习与情境的连接，促使学生对知识或者技能的理解、建构、迁移与复杂的竞赛脉络相联系，以此在真正意义上促进学生的发展。因此，运用各种真实的、模拟的、趣味性的实战情境教学，可以拉近体育课程学习与学生现实生活的距离，提高学生对生活的体验感，促使体育课程的教学真正达到全面育人的目标。

实战情境教学的概念相对复杂，应用于足球教学中便是对足球比赛进行微型化、片段化及规律化的设计教学，在本质内容上呈现出足球比赛的基本规律及比赛规则，应用典型的足球技战术行动。足球实战情境教学的组织形式主要表现为足球比赛中发生特定技战术行动的时间—空间场景，由空间(深度及宽度)、时间(攻守时刻)、球、队友、对手、攻防目标、干扰或者对抗强度以及规则等一些足球比赛框架要素组合而成。上述比赛要素组合都是动态且流动的，

以此形成了变化莫测的足球比赛情境。针对不同的足球比赛情境，需要特定的足球技战术行动。因此，实战情境教学为中学足球教学的效率提升提供了一定的保障，能够充分地发挥学生的临场应变能力、思维能力等。

（二）足球实战情境教学法的内涵

足球实战情境教学法指的是教师在教学中经常会设置一些情境与比赛，利用贴近足球比赛中可能出现的情境，运用丰富生动的实践体验来陶冶学生的情操，提升学生对足球的兴趣及技能，培养学生在训练的过程中对场上形势的观察及判断能力，加强对学生协调能力、平衡能力和柔韧性的训练。它重视培养学生的团队意识及适应能力、沟通交流能力，并且要与速度、耐力以及力量的训练方式相结合；表扬学生的良好的行为，但是并不需要每次都进行鼓励；运用规则和方法等将每次良好的行为都具体化，促使学生能够自我评估与肯定。

站在心理学的角度分析，人的心理活动过程主要包括三个方面。其一是认知过程，其二是情感过程，其三是意志过程。其中，认知过程指的是人通过感知、记忆和思维等多种形式来充分反映客观事物的性质及联系的过程。情感过程则是指人对客观事物产生的态度的体验的过程。意志过程指的是人在遇到困难时有意识地克服困难并达成理想的目标的过程。足球实战情境教学法也是从这三个方面进行解读的。首先是在情感过程中创造生动与活泼的环境，促使学生在此情境之下进行学习。相关的研究证实，此时人的表现特征主要是思维敏感、想象力丰富和富有创造力等。学生在此情境下开展学习与训练，能够充分发挥其主观能动性，其训练效率及训练态度等都较好，能有效提升足球训练的水平。站在教育学层面分析，教学过程的中心思想主要是以教师为主导，以学生为主体，基于实战情境教学的方式，充分发挥教师的引导能力，创造比赛的情境，引导学生在愉快的氛围中开展学习与练习，充分发挥学生的主观能动性，发挥学生自主探究及与同伴合作的能力，并且在课后开展总结与点评。

在具体的理论应用中，首先应用的是情境学习理论。该理论认为知识与活动是不可分割的，这也是情境学习理论的重要观点之一。该理论指出，知识的学习就是人与自身之外的情境相互作用，是个体自由探索实践的成效。足球实战情境教学法正是基于这一理论指导开展的，将实战要素组合为一种具体的学习情境，学生在教师设计的实战情境中通过一系列的分析、判断、决策等，做出科学的技战术动作，从而提升学生的实战水平。将技战术动作充分运用到实战情境中，通过实战情境进一步检验技战术动作的掌握程度，并且通过个体与情境相互作用，不断促进个体的发展，这也是基于实战情境的教学模式的出发点之一。其次应用的是迁移理论。迁移理论认为，学习的迁移是在相互连接的情境中产生的，而在具有相同要素的情境之间，迁移效果会愈加明显。足球实战情境教学法的优势就在于通过设置实战情境，促使学生在情境中学会踢球，这是因为在真实的实战情境中练习，能够帮助学生在练习中获得更加深刻的实战体验，促使学生参与到真正的足球比赛中，将技战术动作从练习迁移到比赛中。基于此，迁移理论是设计足球实战情境教学法的重要参考理论之一。

(三)足球实战情境教学法教学设计原则

教学设计指的是教师在进行教学之前，需要对所要进行的教学过程开展规划与设计。依据不同的教学目标来设计教学内容，对于教学十分重要。教学设计是具体教学情境的产物，进行教学设计时，教师应遵循一定的教学设计原则。足球实战情境教学应以四条基础的教学设计原则为根本，不断发展与完善，并在开展设计教学的过程中，遵照基础的设计原则开展教学，同时设计和遵循新增的五条教学设计原则。

1. 基础教学设计原则

(1)系统性原则。教学设计是一项十分庞大而严谨的系统工程，是由教学目标、教学对象、教学内容、教学方法、教学评价等不同的子系统组成的，且每个系统既相对独立又相互依托，共同组成了一个完整的系统。每一个子系统的功能也不是等同的，教学目标是所有系统的核心，同时也起到了指导其他系统的作用。教学设计需要立足于整体，各子系统应保持与整个教学系统协调，以求能够做到整体与部分相统一，继而实现教学系统的整体化。

(2)程序化原则。教学设计是一个由若干子系统组成的系统工程。每个子系统都按照一定的程序规则有序地开展排列与组合，前一个子系统会对下一个子系统形成影响与制约，并且下一个子系统也会对前一个子系统形成相应的影响。

(3)可行性原则。教学设计必须具备以下两个可行性条件，才能具体实施成为现实。一是与主客观条件相匹配。主观条件方面，需要综合分析学生的实际年龄特征、学习基础水平以及教学条件等；客观条件方面，应当综合分析教学设备等外部的因素及不同地区的影响因素。二是具备可操作性。教学设计需要能够综合指导具体教学实践活动。

(4)反馈性原则。教师应将教学过程前后的变化作为依据来评估教学成绩及教学效率，包括学生在教学过程中完成作业的情况等。教师应根据反馈情况不断调整与完善现有的教学计划。

2. 新增教学设计原则

(1)接近性原则。在开展足球实战情境教学的过程中，首先应当依据学生的实际技术能力和技能掌握水平，设置相应的实战情境模式。中学生的足球基本技术与技能水平还较低，所以要设置情境教学方式，尽量让学生“摸高”。如果情境内容相对复杂与困难，学生凭借自身的能力很难完成相关的练习，便会导致学生自信心受到影响，不利于学生的发展。如果情境的内容过于简单，学生能轻易地完成练习，便会导致学生练习的积极性有所降低，无法有效激发学生的求知欲望。因此教师在运用情境教学法的过程中应当依据学生的实际技术与技能水平设置难度适中的情境练习方式。

(2)启发性原则。启发性原则指的是延续教学过程的中心思想，以教师为主导，以学生为主体。在情境教学的过程中需要充分调动学生的主动性，发现更多的问题，但在发现问题时不马上抛出答案，而是通过引导促使学生自主参与解决问题，鼓励开展小组讨论，让学生独立思考，积极研究，增强面对困难与挫折的勇气，并提升自主解决困难的能力。

(3)创造性原则。创造性原则指的是教师在创设情境时应当注意表象，积极寻求差异情况，在足球实战情境教学理念运用过程中创设与比赛的训练方法相适应的场景，继而提升学生训练的积极性。教师每次创造性地使用足球实战情境教学法时，都会促使学生的学习效率有所提升，进而促使学生的足球技能有所提高。

(4)针对性原则。针对性原则指的是在开展足球实战情境教学之前，教师应针对学生的能力差异，设置合理的教学目标。由于每位学生的技术与技能水平都存在不同，在设计教学的时候应当紧紧依据教学的目标及主题，针对学生之间存在的差异情况，设定不同的情境教学任务。

(5)真实性原则。真实性原则指的是设置的教学活动应当与比赛或者其他可能出现的场景相符合。现代足球训练的核心环节是设置与比赛场景相关的足球训练项目。如果学生在进行情境练习的过程中顺利完成项目学习，则同样会在真实的比赛中有信心做好此前在训练时就已经练习好的动作，提高足球不同技术动作使用的成功率，继而为比赛夺取胜利夯实基础。

第二节　相关文献综述研究

一、关于体教融合的相关研究

20 世纪 80 年代以来，体教融合理念逐渐深入教育教学领域。国内学者纷纷对体教融合的相关理论进行了阐述。何宏伟、胡金祥(2019)指出体教融合在开展的过程中还存在一定的不足之处，如学习与训练之间的矛盾、竞技体育体制不够完善以及实际教学与培养目标不相符等；同时提出了体教融合的改进建议，包括坚持以学生为本，确保青少年接受体育教育的权利；将体育与教育进行有效融合；重视体育竞技文化的学习等。可以看出，上述建议与体教融合理念有着极高的融合度。卞伟伟(2018)通过研究我国体教融合的相关内容，进行深入的分析，提出我国体教融合应当改进教育教学机制，深化体育部门与教育部门的合作，不断完善资源共享工作，通过普通高校的社会影响力及学校的教学条件等，不断提升特色项目的水平，实现特色项目高水平递增式进步。

(1)关于体教融合在竞技体育人才培养方面的研究。刘恒睿(2020)指出上海市羽毛球后备人才培养与体教融合理念是相通的，但是现阶段的主要问题是要扩大招生来源区域及完善培养输送人才机制。在此方面可以借鉴美国较为全面的体教融合模式。翟智国(2019)对天津市青少年体校的基础设施、教学理念、师资情况以及组织管理等进行了实地调查，同时对教练员、运动员的训练情况进行了分析，最终得出结果为体教融合模式还没有在业余体校中得到充分的落实，还存在诸多不足之处，主要包括招生困难、资金不足以及男性运动员多于女性运动员的问题。

(2)关于体教融合在高校运动队方面的研究。柳鸣毅(2020)指出现阶段我国高等教育中体育精神的培养还较为薄弱，体育事业改革过程中高等体育院校所体现的功能不足，相对单一，且高等教育改革过程中高等体育院校的地位也不够突出。据此，他提出了办学理念与国家战略相结合、学科建设同文化建设相融合以及技术提升与实践水平相结合的方案，同时也指出应当重视后备人才的培养。马向阳(2017)针对山东省高水平运动员日常训练的实际情况实施研究，以体教融合的现状作为研究的切入点，分析现阶段高水平运动队管理模式相对单一、文化课程水平不高、教练员的专业素质有待进一步提升、经费不足等问题，同时提出构建学校运动委员会联合其他部门的管理机制，优化招生策略，构建教练员培训机制以及及时汇总评价学习经验等策略，以此为体教融合的有效实施提供一定的保障。

(3)关于体教融合的相关理论与发展趋势等方面的研究。唐炎、陈佩杰(2020)认为体教融合背景下体育考试方式需要进一步改进，体育直接作为考试科目纳入高考中是十分困难的；同时他根据对上海市体育考试的相关研究，提出了建议，主要为提升学生的体育综合素养、完善体育素养的评测机制，并研究了如何将体育素养评测结果应用在高考中。钟秉枢(2020)通过对青少年健康发展所面临的体育问题与教育问题进行联合分析，提出了其中存在的不足之处，主要包括金牌体育使体育远离学生、应试教育使学生远离体育；通过对体教融合实施以来的经验进行总结，他提出了相应的改进建议，主要包括学校体育改革应当作为重点工作，青少年体育赛事实施应当不断完善，体校、特色学校以及高校的协同配合也是十分重要的。除此之外，他也提出应当积极鼓励社会力量的加入，提升体教融合的实施效率。柳鸣毅、丁煌(2020)通过学习习近平总书记关于青少年体育的重要讲话，总结与挖掘青少年健康发展的特征及方式等，并深入分析了体教融合的深刻内涵，详细解读了体教融合政策原则及融合理念，为体教融合工作的有效推进提供了参考。他们指出应当树立坚持健康第一的理念，管理与规划体校作为后备人才培养基地的工作，维护好中国特色体育管理制度的社会体育组织体系，扩大教练员的规模，提升教练员与体育教师的素质，不断强化政策保障措施与协同组织管理工作。

(4)关于体教融合理念在足球运动中应用的研究。蔡磊(2020)认为，体教融合理念的目标是培养学生终身体育学习的能力，促使学生练就健康的体魄，拥有坚韧不拔的毅力。足球运动较其他运动来说对于学生的意志品质培养具有十分显著的积极作用，因此需要通过学校体育教育促使学生树立深度学习的理念，明确足球学习的方向及方法。卢金占(2020)指出，体教融合的目标是培养德智体美劳全面发展的优秀学生，在开展体育教学的过程中，一方面需要让学生掌握关键技术，另一方面也需要让学生掌握正确的学习方法，从而让学生对体育运动产生浓厚的兴趣，愿意积极探索与不断开展学习，以此获得更为显著的效果。孙元昊等人(2021)指出体教融合是我国对学校体育教育发展的新要求，且学校体育运动的开展都应当以体教融合理念为指导，不断提高学生体育运动的实践水平，真正为国家体育事业的发展培养实战型运动员。体教融合理念下的足球教学应当培养学生的实战能力，使学生掌握真正的足球技术与赛事应对方式，以此来提升学生的足球竞技水平。

总而言之，针对体教融合教育理念，自“体教结合”理念提出开始，我国学者纷纷从体教融合的现状、竞技人才培养、高校体育运动队及体校的发展等角度开展了针对性的研究，深入分析了体教融合过程中教育部门与体育部门二者在资源共享、学习训练、竞赛体制方面存在的不完善之处。针对专项人才培养及高水平体育队伍建设以及体校发展的目标，学者们统一的意见为体教融合模式并未真正地落实到位，还缺乏完善的人才培养与训练机制。新时代体教融合应当更加关注青少年健康发展，重点推动学校体育教育的改革工作。

二、关于足球实战情境教学的相关研究

(1)关于实战情境教学法的相关研究。陈春军(2004)认为情境教学法应用于体育教学中，能够提升学生的学习积极性，使学生有情有景地学习教师所教授的内容，并且能够充分发挥学生的自主创作能力。丁丰斌(2006)认为情境教学法对于学生而言，具有提升其社会适应能力的作用。刘琼秀(2007)指出情境教学是一种新型的教学方式，具有其特定的优势，能够利用一些特定的情境来激发学生的学习积极性；情境教学法可以充分挖掘学生的体育潜力，并且增强学生在学习过程中的创造力，体现学生作为课堂主体的地位。李强(2008)指出情境教学法应用在体育教学中能够发挥其积极优势，包括提升教学效率，愉悦学生身心，启发学生心智并陶冶情操。其中，提升教学效率主要是基于情境教学法能够调动学生的体育锻炼积极性，突破传统体育课堂教学的框架式结构，促使学生都能够积极地参与到情境中，并展现自我，获得教师的肯定，继而提升学生的信心。愉悦学生身心则是因为可以通过情景模拟的方式来打破传统教学法的刻板性，促使学生对教师所教授的内容更为接受，提升课堂教学的愉悦性。启发学生的心智则是因为通过情境教学法能促使学生主动进行探索，不再被动地模仿教师的动作，既锻炼身体又启发思维，提升学生主动思考的能力，促使学生的体能与智能都能够获得同步训练。陶冶情操则是指情境教学法为学生创设真实的比赛情境，带领学生进入相关环境中，促使学生在其中接受各种素质的熏陶，如竞争与合作素质等。姚文斌(2011)通过小学实践课堂教学研究指出，情境教学法的优势在于能够充分发扬学生的个性，并且构建良好的师生关系，提升学生的道德素质及运动水平。闫禺任(2012)指出，情境教学法能够有效地激发青少年的学习积极性，促使青少年在体育课堂中更加积极运动，掌握基本运动能力，培养体育兴趣及增强意志力等。情境教学法的基本原理是紧紧抓住青少年的心理发展规律，对其体育锻炼产生积极的影响。徐立武(2013)指出情境教学法与以技能为主的教学方法都能够有效地提升学生的篮球技术。在高等体育院校中，情境教学法可以作为篮球教学方法之一，并且情

境教学的方式有助于提升学生独立思考问题的能力，不断提升学生自主探索的能力。杨超瑜(2013)指出在实践教学活动中，情境教学方式对于大学生足球教学工作具有较强的促进作用，可以有效提升大学生的主观能动性，并且保持住学生学习足球的兴趣，在培养学生对足球的喜爱、提升教师足球课堂教学质量、扩大足球教学效果方面具有较强的积极作用。刘艳(2014)认为在教学实践之后应当选择科学的情境教学方式，一方面有助于学生学习态度的培养，另一方面也能够提高学生的学习积极性，增强课堂教学氛围，充分发挥学生的主观能动性。

(2)关于实战情境教学法在足球训练中的应用研究。盖如彬(2007)指出在小场地比赛情境中，实战情境教学法对于学生的传球、运球突破、定位球以及抢断等技能水平都会有较大的提升。但是相较而言，实验组的长传球技术相比对照组的优势不明显。这一研究说明虽然小场地比赛情境使学生的对抗性足球技术有所提升，但是不适用于所有的教学场景。范传睿(2012)针对足球战术训练中的情境教学法进行了实验研究，经过 3 个月的实验数据证实，实验组运用的情境教学法有助于提升运动员的战术意识水平，而使用传统教学方式的对照组运动员战术水平则略逊色。魏一凡(2015)指出实战情境教学法能够促使课堂教学更具趣味性，不仅能够有效地培养学生的自主学习能力，也能够提升班级凝聚力，培养学生的团队精神，增强学生之间的情感。赵武锜(2015)在实战情境教学实验过程中运用反应时测试与专项情境测试两种不同的测试方式，实验研究共持续了 8 个星期。其中，实验组与对照组分别进行每周 2 次的足球专项训练，而实验组要多出每周 2 次 20 分钟的情境教学干预。其实验结果证实，运用情境教学方法一段时间之后，学生对于足球的学习积极性有所提升，并且学生的品格修养、运动能力也都获得了一定程度的提高。周志雄(2017)分析研究了法国青少年足球训练情况，发现教练员对队员比赛过程中存在的问题进行分析，且依据比赛的实际情况来设置不同的技术练习及情境训练。其中，情境训练的方式是多样的，与比赛的实际情况相接近，针对球队弱点开展强化训练，并且能够有效地增强学生的发散性思维。李明新(2017)在其研究中指出，英国青年训练需要遵循四角模型理论，并且也重视对球员情商、社交技巧及心理的训练，情境训练是始终贯穿于所有梯队训练中的，能够帮助球员形成身临其境的感受，以此来获得球员的共同认知，实现情感与技巧的统一。张庆新等(2022)研究指出，一些学校已经充分认识到了足球教学的重要性，且在初中实施了足球实战比赛主题大单元教学方案，其他学校应当积极学习与借鉴，不断考察不同学校实战足球的实施情况及获得的成效，以此为本校实战足球的开展提供相应的参考。闫毅(2022)提出，中学足球课程需要以实战比赛为主，学生在实战中要提升足球技巧，且学习到的相关技巧更加适用于实战应用，这远比传统的训练方式所获得的效果更加显著。

(3)针对足球实战情境教学的优化策略的研究。李沐春(2017)指出，足球实战情境训练虽然重要，但是体能应当是居于首位的训练任务。2011 年 10 月 24 日，北京一所小学与俄罗斯小学的一场足球友谊赛中，中国小学生在开赛 20 分钟后便出现了严重体力透支的问题，最终导致 0：15 的败绩。因此体能训练应当紧跟实战训练进行，基本功与战术等应当排在体能训练之后。在此基础上，通过将技术训练作为核心，循序渐进，最终达到对抗实战训练的效果。水庆霞(2020)通过文献分析法、观察法以及访谈法等方式，针对青少年足球训练中显现出来的一系列问题实施针对性的调查研究，结果显示我国在足球训练理念方面还存在不足,青少年足球训练并未真正落实到从实战角度出发，也使得训练的质量及效率不高。同时，训练的内容设置也与实战需求不相符，技术、战术以及体能训练等都是分割进行的，未形成统一的训练规划；且训练流程都是一成不变的，教练员在训练指导过程中单一地进行知识技能的灌输。上述问题的解决方式是，应当从项群训练方式着手，在内容与流程方面进行改进，体现对抗练习与实战的本质。任贤强(2020)根据对相关研究的共同之处进行分析，提出开展实战足球训练需要以学生的兴趣作为切入点，在开展教学工作之前，应当充分地了解学生的兴趣点，采用针对性强的指导方案，以此来满足学生的兴趣需求，提升实战训练的效果。莫仲云(2021)指出，青少年开展体能训练活动，既能够有效地强化其竞技比赛能力，也能够有效地提升其身体素质，培养青少年吃苦耐劳的精神，进一步促进青少年的身心健康及综合素质的发展。张太杰(2021)根据相关的研究证实，实战比赛对于学生足球水平的提升是十分重要的。同时一些学生在接受调查的时候表示，实战中所获得的知识要比书本中的知识有用，且愿意积极地参与到各项比赛中，不断提升自身的足球技术水平。王敏峰(2021)在相关的研究中认为，我国应当积极地开展实战足球训练，转变原有的理论教学与日常训练相结合的模式，真正做到以赛代练，帮助教师在比赛中获得经验，根据学生存在的不足实施相应的指导，并且以学生的实战比赛成绩作为相应的评估参考，对足球教师的教学情况实施针对性评价。

第三章　湛江市中学足球教学现状

本章基于体教融合背景对湛江市中学足球教学的现状及优势、不足等进行阐述，对中学足球教学有一定的认识，为后文的研究奠定一定的基础。

第一节　湛江市中学足球教学基本情况

一、研究对象与方法

（一）研究对象

研究对象为湛江市的两所中学，其中一所为全国青少年校园足球特色试点学校，另一所虽为普通中学，但在校园足球教学方面具有较强的先进性与理论性，因此对于相关研究的开展有一定的积极作用。

（二）研究方法

1. 文献资料法

根据研究的目的及需求，本研究通过对相关文献进行整理与分析，对知网数据库、万方数据库以及图书馆资料等进行查阅，总结与校园足球、中学足球教学、体教融合等相关的书籍、文献、论文等，然后通过对教育部、国家体育总局、湛江市教育局等的相关政策文件与官方网站资源信息进行系统的整理、分析及研究，选择适合本书研究的理论，为本书的写作奠定良好的基础。

2. 专家访谈法

为了充分地了解湛江市中学足球教学的现状及存在的问题，笔者根据研究需要，制定了专家访谈提纲，对校园足球相关领域的专家、学者进行访谈。访谈工作主要采用线上与线下相结合的方式，对现阶段深化体教融合背景下湛江市中学足球教学的实际情况、所遇到的困难以及未来的政策走向等相关问题进行详细的考察，以期能够真正地了解湛江市学校组织管理层对于校园足球体教融合的真实想法及中学足球教学的实施情况。

3. 问卷调查法

(1)问卷设计。

笔者通过阅读与借鉴社会调查、科研方法、校园足球等方面的足球教学问卷设计的相关知识，分析足球特色学校的遴选机制，在实地考察与专家访谈之后，依据本书研究的需求，将湛江市两所中学作为研究对象，严格遵守体育科研方法的规定，依据文件要求并采纳专家意见，设计了足球教师与学生的问卷，问卷内容涉及学校足球师资队伍、场地设施、经费投入以及教学情况等。其中，教师问卷共发放 10 份，学生问卷共发放 200 份，回收问卷及有效问卷比例为 100%。

(2)问卷的效度检验。

制定专家效度检验效果表，分别对问卷的结果及内容等进行效度检验。问卷请专家进行评判，结果为内容效度合适，结构效度比较合适。其符合问卷调查的要求。

(3)问卷的信度检验。

问卷信度检验运用的是重测法。对 10 名教师与 200 名学生在 15 天之后进行第二次测试，教师与学生前后问卷的一致性分别为 80%与 95%，且通过对比发现，第二次测量数据的一致性比第一次要高，可以说明问卷的信度较高。

4. 逻辑分析法

将搜索到的文献资料进行整理、总结以及分析，对其中关于校园足球、体教融合的资料进行进一步深入分析，以此作为本书研究的理论基础，确保在写作本书的过程中拥有思路明确与逻辑清晰的观点论证，以此保障研究框架及内容、结果分析的科学性及合理性。

二、湛江市中学足球教学开展基本情况

教育部公布的 2020 年全国青少年校园足球特色学校、试点县(区)和足球特色幼儿园认定结果中，湛江市有 7 所中小学被认定为全国青少年校园足球特色学校，湛江市代管的吴川市(县级市)被认定为全国青少年校园足球试点县(区)，13 所幼儿园被评为全国足球特色幼儿园。湛江市政府重视校园足球的发展，将校园足球作为培养中小学生良好体质、健全人格、良好品德及体育精

神的重要方式。就 13 所幼儿园与 7 所中小学的布局而言，湛江市的 20 所足球特色学校(幼儿园)符合校园足球发展人才培养模式，可以为足球竞技人才培养提供源源不断的动力。其中，湛江市青少年校园足球特色学校为雷州市杨家初级中学、吴川市塘缀镇上杭初级中学、遂溪县河头中学等。

通过考察，笔者发现湛江市足球基础设备、足球师资力量、学生整体素质相较于其他发达地区还有差距，另外，中学足球课程开展与宣传的力度不足，学生身体素质无法获得有效的提升，运动水平减弱。很多优秀的足球运动员具有较高的天赋，但是由于环境的限制，天赋被消磨，因此目前最为关键的问题是如何加大对中学校园足球的扶持力度。

三、湛江市中学足球教学的基础保障情况

(一)足球教师性别及年龄情况

教师是学生学习的引导者与知识的传播者，在学生的成长发展中起到重要的作用。在中学足球教学中，体育教师的教学质量直接影响中学足球的发展水平。小学生的认知还处于初级阶段，学习也多依据间接经验，需要不断培养足球兴趣，激发自身的潜力。而初中生的学习以掌握直接经验为主，已经具备了良好的自主学习能力。因此，对于不同阶段的学生，需要教师有针对性地开展教学与指导工作。针对湛江市两所学校足球教师的调研结果显示，应试教育是目前制约足球课程实施与改革的关键，此外足球教师数量、师资力量与生源情况等也都是制约学校足球发展的关键因素。

在被调查的 10 名足球教师中，男性教师 9 名，女性教师仅 1 名。教师的年龄主要集中在 31～40 岁，这个年龄阶段的教师有 6 名；30 岁及以下的教师仅 1 名；40 岁以上的教师有 3 名，其中包括 1 名 50 岁以上的教师。因此，从性别来分析，湛江市足球教师还是以男性教师为主，男女教师的性别比例失衡，可能会间接阻碍学校足球运动的全面开展。从教师的年龄来分析，40 岁以下的教师占据了 70%，呈年轻化趋势，这有助于教育教学观念的创新发展，也能够为比赛与训练等注入新的活力。

(二)足球教师学历及专项情况

足球教师在足球教育教学过程中发挥重要的作用，中小学校园足球活动的实施与足球教师的文化素质及专业素养等具有十分密切的关系。经验丰富及知识水平较高的足球教师可以有针对性地指导学生开展相关的学习及训练，也可

以科学地安排足球赛事活动。足球教师的专业性、文化素养等都会影响其对战术技巧的理解与运用，通常专业性强、文化素养高的足球教师可以传授学生更加全面专业的足球技能，拓宽学生的视野。因此足球教师的学历水平及专项情况会对足球课程的教学质量产生一定的影响。

对 10 名足球教师的学历进行调查，结果显示 2 人为硕士研究生学历、7 人为本科学历、1 人为大专学历。可以看出，足球教师学历主要是本科，教师资历符合从业标准，但从整体而言，中学足球教学工作的开展，需要高质量高水平的师资力量，因此教师的整体学历水平有待进一步提升。

足球专项教师更能够依据足球运动的特征及经验来科学地安排课程内容，启发学生掌握一些较为专业的理论知识和相关技术。对足球教师的调查结果显示，足球专项教师与非专项教师的比例为 4∶6。专项教师具备更加专业的技术知识，在教学与训练的过程中也能够形成有利的局面，为优秀后备人才的培育提供支持。而上述调查中研究生学历的教师数量相对较少，这也会成为限制中学足球课程不断发展的关键。根据实地调查，湛江市足球专项教师配置不尽合理，缺乏均衡性，且区域之间师资力量存在明显差异，教师专业水平参差不齐。实际结果说明足球专项教师缺乏及配置不均衡也是限制湛江市中学足球教学高质量发展的重要原因之一。足球专项教师是推动中学足球运动发展的基础保障，在未来的中学足球运动发展过程中还需要不断增加足球专项教师数量，积极地组织有关足球教师的培训工作，不断扩大足球特色学校师资整体水平，以此更好地促进中学足球的教学、训练、比赛的顺利开展。

（三）足球教师的教练员、裁判员等级情况

我国足球教练员拥有十分严格的等级考试制度体系。亚洲足球联合会只认可五个等级，包括职业级（职业足球联赛教练员）、A 级（成年业余队教练员）、B 级（14～18 岁青年足球教练员）、C 级（10～14 岁青少年足球教练员）、D 级（10 岁以下少年足球教练员）。对 10 名足球教师的调查结果显示，其中没有拥有职业级水平的足球教练员，有 A 级教练员 1 名、B 级教练员 1 名、C 级教练员 3 名、D 级教练员 4 名，没有教练员级别的教师 1 名。教练员等级的高低也会对足球专业教学水平产生一定的影响。湛江市足球教师的教练员等级普遍较低，多数教师都是 D 级教练员甚至是无级别。

足球裁判员等级证书也是最能体现教师水平的证书之一，裁判员的水平会对足球运动的公平公正性产生影响，等级高的裁判员拥有较为全面的足球规则理论知识，同时也具备多场主持比赛的经验，能较好地依据足球赛程及规则等

对运动员的成绩进行评定。裁判员不仅能够影响比赛的结果，也负有尊重并执行好比赛的竞技规则的责任。足球比赛过程中最为常见的问题之一便是球场假球与黑哨问题，这些问题使得足球运动的公平性与规则的权威性受到挑战，从而使得观众对于足球运动备感无助与失望，继而影响整个足球产业的发展。群众对于足球的关注不断减少，青少年也从小缺乏对足球运动的喜爱，容易导致足球运动停滞不前，影响足球人才培养工作。因此，中学足球教学需要更加优质专业的裁判员的加入。

调查结果显示，10 名教师中，无国家级裁判员，1 名是一级裁判员、3 名是二级裁判员，6 名无裁判员证书，这也对教师在带领学生学习足球规则及灵活处理赛场情况等方面产生一定的影响。足球教师的实力主要体现在训练及教学方法上，对于足球规则的掌握及理解程度也影响学生日常的训练及比赛，因此足球教师平时应当加强足球竞赛规则知识的学习与理解，灵活地处理比赛的突发状况，控制好赛场的变化情况等。

(四) 足球教师参加培训情况

培训是足球教师更新足球教学知识、创新教育方式的重要途径。足球教师通过培训学习更新的足球理论知识，学习先进的教学方法，提升足球实战水平，从而使得教师的整体业务水平有所提升。本次调查的 10 名足球教师中，近一年的培训情况如下：有 4 人表示参加过 1 次培训；有 3 人表示参加过 2 次培训；有 1 人表示参加过 3 次以上培训；还有 2 人表示未参加过培训。教师培训的频率影响教师理论与实践水平，每年 1 次的足球专业培训无法有效地提升教师的足球技术水平。此外，足球培训的形式化问题严重，无法有效地帮助教师查漏补缺，提升教学水平，这也是影响中学足球教学的重要问题之一。另外，参加培训的教师中，有 6 名教师只参加了县(区)级培训。应多组织足球教师参加更高级别足球培训，提升培训的水平，促使足球教师不断提高自己的理论与实践水平，进而完善足球教学体系，不断促进足球教学水平的提升。

(五) 学校足球场地情况

场地设施是体育运动开展的重要基础保障。足球相较于其他运动项目而言，更加需要考虑场地因素，场地及器材设施情况直接影响足球教学的质量及效果。中学足球教学对象是中学生，需要配备天然草坪的足球场，既能够有效地预防学生运动过程中的损伤，也能够帮助学生适应专业场地。针对湛江市两所学校的足球场地的调查显示，两所学校都配备了一块 11 人制场地，足球场地的面积可以满足需求，但是小规格足球场地的数量较少，限制了足球活动的人数；两所学校均为人工草坪，基本满足了中学足球场地草皮化的要求，但还需要进一步改进。

(六)校园足球经费来源保障情况

活动经费是支撑中学足球教学的重要保障。调查结果显示两所中学的足球运动开展的资金来源主要为三种：一是学校筹集资金，二是社会企业赞助，三是政府财政拨款支持。通过走访调查得知，湛江市中学足球运动开展的主要经费来源是政府财政拨款，其他方面的投入以个人捐助的资金为主。足球教学的主要经费应用于足球比赛设备、足球队服、宣传以及基础设施建设方面。在这两所学校中，其中一所是依靠政府财政拨款的专项经费与学校筹集的资金维持运行，另一所主要依靠社会企业赞助。各学校应当在资金来源方面拓宽途径，寻求更多筹集资金的方式。除此之外，通过进一步的访谈获知，自湛江市吴川市成为校园足球试点县(区)以来，政府已经投入了大量的校园足球专项经费用于基础设施建设，且各个中学也积极响应号召，对足球教学的重视程度不断提高，但是还存在部分学校经费下发缓慢、资金监督与管理不透明的问题。

四、湛江市中学足球课程情况

(一)学生最喜爱的体育项目情况

在中学足球教学活动中，应当突出学生的主体地位，学生对足球运动的热爱程度、积极性等，都制约着教学的质量。学生越喜爱足球运动，则参与校园足球运动的积极性也就越高。学生的参与程度也是衡量校园足球运动实际开展情况的关键指标。在针对湛江市两所学校的200名学生进行的喜爱的体育项目的问卷调查中，有20%的学生表示喜爱足球，其中男女比例为6∶4；其次为篮球、跑步以及乒乓球等，占比分别为15%、10%以及13%；最后为其他运动，如游泳、武术、舞蹈、排球等。调查显示，学生最喜爱的体育项目是足球。湛江市校园足球活动开展拥有良好的学生基础，学校也较为重视足球运动的教学及相关活动，校园足球的整体影响力较高，为推动足球教学工作的开展奠定了良好的基础。

(二)学生对足球运动的了解程度及关注方式

学生对足球运动的了解程度也是影响其参与积极性的关键因素，学生对足球运动的了解越详细，则越容易融入足球团队中。在所调查的200名学生中，有30%的学生表示对足球运动有所了解；有27%的学生表示不了解足球运动；还有43%的学生表示了解不足。而在对学生了解足球运动的渠道的调查中，有42%的学生表示是从学校的宣传处了解的；有25%的学生表示是从网络与家长处了解的；还有16%、11%、6%的学生表示分别是从电视新闻、书籍、报纸渠道来了解足球活动的。综合上述调查的数据可知，多数学生对于足球运动的关注是通过学校的宣传、网络与家长以及电视新闻等。湛江市中学足球在学校宣传方面方式还较为单一，成效不够明显，目前仍有少部分学生对足球运动毫不关心。因此校园足球文化的宣传应当应用多种多样的方式，提升社会群体的关注度，拓宽受众范围。而在调查的过程中，笔者也分析了家长对中学足球运动的了解与支持情况，表示支持与关注的家长仅占6%，这可能是学校在宣传校园足球文化的过程中忽视了家长群体，如此是不利于足球教学的家校合作氛围的形成的，使得中学足球教学的开展受到一定的限制。

(三)学生对足球运动的喜爱程度及参加足球运动的原因

关于学生对足球运动的喜爱程度的调查结果显示，有53%的学生表示喜欢；有12%的学生表示对足球运动态度一般；还有35%的学生表示不喜欢。可以看出，超过50%的学生对足球运动表现出喜爱或者较为喜爱的态度。学生参与足球运动的积极性较高，有利于足球教学的开展。

关于喜爱足球运动的原因，在对足球运动表示喜欢的106名学生中，有32名学生表示足球是自己的爱好，有28名学生表示是为了锻炼身体，还有15名学生表示是为了考试加分等，部分学生还表示是受到体育明星等他人的影响喜爱足球运动的。据此可知，学生自觉参与到足球运动中的关键原因在于兴趣爱好与锻炼身体，学校可以基于这一特点为中学生设置针对性的教学方案。

针对94名不喜欢足球运动及态度一般的学生进行统计分析，有14人表示是因为场地不足影响自己的参与积极性；有29人表示足球运动会影响自己的学习，因此没有主动参加；有15名学生表示不喜欢足球运动是因为家长反对；剩下的36人表示不喜欢足球运动的主要原因是怕受伤和对足球不感兴趣。根据该项调查的结果可以看出，学生对于足球运动还存在刻板印象，认为踢足球会影响自己的学习，因此在今后的足球运动教学中应当加强对学生的兴趣培养，引导学生减少对足球运动的偏见，培养学生良好的足球观念，以此推动足球运动教学的有效实施。

（四）足球课程开展情况

目前，我国中学足球的教学基础相对薄弱，足球后备人才严重缺乏，学生能够真正了解与接触足球的方式还仅限于足球课堂中，无论是理论知识的传授还是实战技术的掌握等，都存在一定的限制。课堂教学是学校体育改革的关键任务与基础环节，如何有效地提升足球教学效率是每一位体育教师所面临的关键问题。课程内容安排应当与中学生的身心发展实际相匹配，解决足球理论学习枯燥乏味的问题，依据不同年级开展足球比赛等，教师及时取长补短，查漏补缺。同时，学生能够亲身体验足球运动的魅力，培养对足球的兴趣，享受足球运动所带来的欢乐与激情。学校也要重视理论知识与实践教学的结合，不断加强校园足球运动的实施及普及，促进体育强国目标的实现。近年来，湛江市教育局重视校园足球的教学工作，完善足球教学工作体制，不断推动校园足球运动的有效实施。足球课程作为学生学习足球及开展足球训练的重要阵地，对于学校体育教学的发展至关重要。国家在校园足球特色学校遴选标准中明确指出，申报学校需要保证足球课时不低于体育课总课时数的1/3。充足的足球教学与训练时间以及系统的教学与训练计划等能够有效促使学生在足球课程中既学习到理论知识，也充分掌握各项足球技术。足球课程教学的基础保障就是要科学地安排时间，重视学生足球理论与实践的双重发展，学生也应当通过适当课时量的足球课程学习，一方面培养兴趣，另一方面缓解学习压力。湛江市市区7所普通高中与5所初级中学在足球课程安排方面，每周一节课时的占据了41%的比例，每周两节课时的占据了16%的比例，而每周两节以上课时的仅占8%，还有4所学校没有开设足球课程。

对湛江市市区7所普通高中与5所初级中学足球课程所使用的教材的调查结果显示，使用粤教版《体育与健康》的较多，有7所学校使用该教材；有2所学校开发了校本足球教材；3所学校使用了人教版《中小学校园足球》。可以看出，湛江市足球教学在教学资源方面突出因地制宜的特征，充分运用符合当地实际情况的足球教材，提升了学校在足球理论及技能教学方面的创新性，有助于足球教学效率的提升。

（五）学生参与课外足球运动情况

学生参加课外足球运动时间的长短会直接影响学生对足球运动的喜爱程度。根据对学生的调查，学生每天参与课外足球运动的时间一般以1小时为主，这部分人数最多，占比46%；其次为1~2小时，占据25%的比例；还有8%

的学生表示参加课外足球运动的时间在2小时以上；另外有21%的学生表示从不参加课外足球运动。在青少年课外活动时间方面，每天1小时左右是符合学生个体发展规律的，一方面能够有效地锻炼学生的身体素质，另一方面也能够培养学生的足球兴趣及团队意识，间接推动足球课程的开展。

五、湛江市中学足球训练与竞赛情况

（一）校园足球队伍建设情况

依据国家发展特色校园足球的方针政策，湛江市要求所有校园足球特色学校建设班级、年级、学校三个层次的足球队伍，进行梯队建设。但湛江市普通中学的足球教学，还未形成完善的足球梯级队伍，仅组建了校足球队，班级与年级足球队的组建并未实施。在湛江市市区7所普通高中与5所初级中学中，有10所学校组建了校级男子足球队，但没有女子足球队，且这10所学校均成立了足球社团。未加入校级足球队的学生可以加入足球社团，这也是有效措施，对于足球运动的普及能够起到良好的推动作用。足球社团为校园足球活动开辟了新的道路，想要参加足球队的学生可以先加入足球社团，实时关注与充分了解足球活动的基本情况，学习足球文化知识，并在此过程中培养正确的足球运动理念。通过在社团中的系统训练和实践锻炼，学生的足球技能水平能得到提升，为日后更好地融入校园足球活动奠定坚实基础。

（二）校园足球队伍课余训练情况

系统科学的训练可以帮助队员提高竞技水平与获得优异成绩。足球教练员应当根据学生身心发展阶段及实际情况，制订完善的训练计划。调查结果显示，湛江市市区7所普通高中与5所初级中学当中，足球队每周进行1~2次训练的有10所，3~4次的仅有2所。学校每周训练的次数控制在4次以内，可能是因为学校综合分析了训练强度过大或者次数过多对学生学习的影响。另外，在访谈中了解到有些学校还存在训练时间不固定的问题，不规律的训练时间与次数都会导致学生身心疲惫，很难保持良好的训练状态，也无法取得良好的训练效果。因此，在今后的训练中，教练员应当合理安排好队员训练计划，依据实际情况进行灵活处理。足球队训练时长方面，超过一半的学生表示为1~2小时。调查显示，在足球教练员对学生训练及比赛效果的评价上，有60%的教练员表示对学生的训练、比赛表现满意；有20%的教练员表示十分满意；还有20%的教练员表示对学生的训练、比赛表现不满意，认为部分学生的行动力不足，尤其是中学低年级的学生自控能力不足。

（三）学生参与足球比赛情况

学生参与足球比赛情况的调查结果显示，参加过 1~3 次足球比赛的学生占据了 30%的比例，包括 40 名男生与 20 名女生；参加过 4~6 次比赛的学生占据了 20%的比例；还有 10%的学生参加过 7~10 场足球比赛；有 40%的学生表示从未参加过足球比赛，占比最高。根据调查结果，学生参加比赛的积极性较高，但是参加比赛次数多的学生人数较少。其中有 35%的学生缺乏足球比赛参与意识；一些学生虽然拥有积极参与比赛的心态，但受到比赛赛制的限制，实际参加比赛的时间较短。因此，应当尽可能地让学生参与更多的比赛，积累足球比赛的经验，不断磨砺学生球场的实力，设置多样化的比赛形式，增加比赛参与人数，使学生感受竞技足球比赛的魅力。

（四）校足球队竞赛情况

校足球队队员的遴选标准相对明确，需要每年参加不少于 10 场的校内足球班级联赛及年级挑战赛，同时还应当积极地参加校园足球联赛。调查结果显示，作为研究对象的 2 所学校都开展了班级间联赛，且参与过县（区）级、市级联赛，且表现出众；在湛江市市区 7 所普通高中与 5 所初级中学中，参加过校园足球联赛的只有 5 所学校，其中有 2 所学校的校足球队参加过县（区）级、市级以及省级的比赛，没有一所学校参加过国家级比赛。湛江市每年都举办青少年足球比赛，这也是湛江市参与队伍最多、影响力最大的青少年足球赛事。湛江市青少年足球比赛每年吸引超过 5 千人参加，赛事时间周期较长，赛事地位相对较高，为校园足球的开展发挥了良好的带动作用。足球特色学校应当充分发挥带头作用，广泛地开展三级足球赛事，丰富学生的比赛经验，不断提升足球队伍的整体实力。

第二节 湛江市中学足球教学的优势与困境

一、湛江市中学足球教学优势分析

(一)政府重视校园足球基础建设

在政策方面，湛江市政府出台了多项关于校园足球发展的支持政策，包括《关于开展我市“全国青少年校园足球特色学校”年度工作考核的通知》《湛江市校园足球特色学校年度工作考核指标体系》等；在基础设施配置、活动组织、师资力量优化、俱乐部合作、课堂教学方面，形成了完善的资金分配方案。政府也积极地宣传校园足球文化，取得了社会众多组织的资金支持。自吴川市成为全国青少年校园足球试点县以来，湛江市为其投入了大量的资金用以解决中小学运动场地不规范的问题，现今已经基本实现了学校场地专业化，足球元素已深深融入课堂教学与比赛中，并且兼顾了学生的文化课程学习。根据相关调查，吴川市每年投入近百万元用于足球设备购置、足球联赛开展等。另外，政府通过多样化的方式积极改善足球基础设施，湛江市政府通过社会服务的形式协调社会公共场地的使用，确保学生拥有足够的足球场，并且与足球俱乐部合作，通过赞助的方式组织学生在足球俱乐部专业教练的指导下完成训练及比赛。这一方面使学生学习了足球专业理论知识，另一方面在与优秀的足球运动员比赛的过程中，提升了学生参与校园足球活动的积极性。政府与学校每年都会对场地设施做实地调查，对于破损与违规的场地开展抢修或者扩建处理，确保学生能够安全地参与到活动中。

(二)依托足球文化优势促进足球普及和发展

湛江市各级学校积极宣传现代足球文化，将足球文化的积极意义融入校园足球特色活动中，且重视本土足球文化的研究，因地制宜建设了足球文化展览馆。各级政府也巧妙地将足球文化融入各项活动中，通过品牌效应与校园足球创新表现形式，促使群众受到潜移默化的影响，积极融入足球氛围；以尊重与维护生态环境为基础，以足球文化建设为依托，建设集青少年足球训练、足球赛事、体育娱乐、培训等多功能于一体的足球特色场馆。另外，2019 年，湛江市作为传统的广东三大“足球之乡”之一，在“广东足球 70 年文化展”中融入了诸多湛江元素，以此显示出雷州半岛在南粤足坛的突出贡献和重要历史地位。比如，2019 年，湛江盲人男足队代表中国在泰国参加亚洲室内五人制盲人足球锦标赛。另外，湛江市为国家、广东省培养和输送了大批足球人才。为了继续强化足球运动的普及，每年筛选出的校园足球特色学校也在尽一份力，各学校通过足球文化宣传、足球课堂教学、组织训练及竞赛的形式培养综合素质较强的足球人才，为足球改革发展注入了新的活力。足球文化也成为湛江市普及宣传足球运动的重要支持力量。

(三) 编制符合实际的足球校本课程教材

课程教材是教师教学与学生学习的重要保障。但是国家并未严格规定校园足球的课程教材，体育部门指出学校可以依据自身的实际情况，基于学生的特点，重点突出学生的全面培养，根据需要积极开发符合当地特色的教材，探索发展的方向，但是要结合国家课程与地方课程的内容要求，细化足球教学的各个环节，针对不同阶段的学生设置适当的内容计划。为了全面执行科学的国家课程计划，湛江市校园足球特色学校在严格执行国家课程与地方课程计划的同时，开发了符合当地特色的足球校本课程，创新传统课程教学模式。湛江市校园足球校本课程教材依据国家课程改革纲要，从教育的前瞻性、实用性以及创新性层面出发，尊重体育项目本身的发展规律，尊重教材对象的不同年龄段的素质特点，将湛江市红土文化、戏剧文化与足球文化等相结合。在教材编写过程中，针对学生与家长的实际要求进行调研，坚持以学生为本的教育理念，激发学生对足球运动的喜爱，塑造学生积极健康人格，培养学生强健的体魄，增强学生的自信心。湛江市校本足球课程教材的编制，能够有效地带动本地区学校的整体实力的不断进步，为其他地区起到良好的促进作用。

(四) 校园足球联赛广泛开展

湛江市各级中学为了积极响应校园足球的发展要求，组建了班级、年级以及校级的足球队伍，同时依据学生的实际情况合理规划训练时间与次数。足球教师每周都会根据学生的训练情况及效果重新制订队伍训练与比赛计划。湛江市校园足球联赛共有 5 个级别的比赛，采用赛会制度，整个赛程历时两个月，由各县(区)推荐本地区具有代表性的学校足球队伍参赛，是较大规模的足球比赛。与此同时，雷州市、吴川市也相继开展了中小学生颠球、运球、足球知识测评等类别的比赛，评选出最佳足球少年、颠球冠军等，使湛江市校园足球竞赛体系进一步完善。通过校园足球联赛，传播湛江市足球文化，提升湛江市校园足球运动在全省乃至全国的影响，继而实现足球运动的普及，同时发扬顽强进取与团结协作的运动精神，有效地提升足球队伍的实力及水平。

二、湛江市中学足球教学困境分析

(一)学生家长认可度不高

对于中学生而言，学生家长对于足球的态度较大程度上决定着学生是否能够继续参加校园足球运动。近年来，湛江市校园足球运动开展得尤为火热，但是部分家长对于足球缺乏了解，认为参与足球运动会浪费学生学习文化课程的时间或者认为足球职业没有未来。面对升学、就业以及未来发展的压力，学生家长更关注学生的中考、高考成绩，使得家长对于足球运动固有的偏见更深，也使得校园足球运动较为萎靡不振。因此需要给学生家长普及足球文化知识，消除家长的思想偏见，这对于校园足球运动的开展具有十分关键的作用。在反对学生参加足球运动的原因中，最多的便是影响学习与就业，而学生主动参加足球运动更多的是受到他人的影响。尤其是女生的家长，对于孩子参与足球运动的反对声更多，有些家长普遍认为孩子将课余时间用于足球运动，会分散孩子的注意力，导致成绩下降；还有部分家长由于足球运动是室外活动，怕孩子遭受风吹日晒，且认为孩子训练出现意外的概率也会较大，此外还担心会导致孩子皮肤黑、萝卜腿，甚至长不高等，对孩子的成长发育造成不良影响。通过调查发现，家长对于国家足球改革计划与开展的相关政策了解不足，因此需要政府、学校以及相关部门加大对足球文化的宣传力度，学校应当积极地开展更多的校园足球亲子活动，使家长能够亲身体验到足球的魅力，改变传统的落后的足球思想观念，创造积极健康的足球课程氛围，减少校园足球在家庭方面的阻力，继而推动校园足球运动的开展。

(二)专项教师储备不足

学校师资水平是影响中学足球教学质量的重要因素。根据实地调查，湛江市各中学的体育师资力量相对薄弱，教师的性别以男性为主，高学历足球专项教师有所缺乏，使得湛江市中学足球教学的协调发展受到了一定的限制，也引发了校园足球课堂教学与宣传服务效果不佳的问题。通过调查，大多数的教师每年仅进行一次集训，其专业理论知识水平与足球技术等很难获得有效的提升。并且，大多数体育教师除日常的教学工作外，还负责学校日常管理工作，所以难以专心地进行足球训练与教学。另外，足球专项教师的专业性有待提升，调查发现教师具有的教练员与裁判员的等级不高，多数教师缺乏足球方面的资格证书，而资格证书是教师专业能力的一种证明。不管是规则理论知识的了解还是比赛经验的积累，在校园足球活动开展过程中都至关重要。教师缺乏正规专业的指导及比赛进程预判与指挥经验，对于学生训练无法起到良好的促进作用，可能会导致学生难以进步，较同龄人差距更大。湛江市足球教师的裁判员级别较低，有一半以上的足球教师没有裁判员资格证，这不利于教师带领学生学习足球规则与教授学生灵活处理赛场情况。专业的教练员与裁判员的缺失，也会导致湛江市中学足球教学水平难以提升，因此下一步应当提升足球教师获取教练员、裁判员等级证书的比例及级别，将此作为政府行政管理部门与各学校的重要任务。

（三）校园足球联赛机制有待完善

湛江市虽然有诸多的政策支持与足球文化优势，但是全面系统地开展校园足球活动的时间较短，校园足球联赛也未形成系统完善的内部运行管理机制。虽然学校内的足球比赛场次增多，但是不同学校的开展情况也存在差异，部分学校积极地响应并且重视宣传扩大联赛的影响力，而部分学校只是为了迎合上级部门的检查要求，实际开展效果不佳，关注度并不高。依据对校园足球竞赛开展情况的调查，班级间与年级间比赛的参与程度要比校级比赛的参与程度低，并且多数班级与年级队伍都是临时组织的，缺乏团队竞赛默契度与全身心投入的积极性，也使得比赛质量不高。除此之外，组织并主持竞赛的人员缺乏专业裁判员的指导，水平参差不齐，难免出现错判与漏判的问题，联赛的公平性与公正性受到质疑，使得学生参加校园足球联赛的积极性大幅度降低。因此，应当重视班级间与年级间的足球比赛，鼓励学生积极地参与多样化的比赛来积累经验，提升足球技术，拓宽校园足球的发展道路。从湛江市足球比赛情况来看，参赛队伍数量较少且水平差异较大，比赛场次较为混乱，同时社会影响力有待提升。因此，应当完善湛江市校园足球联赛体系建设，增加比赛人数及场次，确保校园足球联赛的参与度。

（四）校园足球影响力需提升

通过对调查的情况进行分析可以看出，湛江市校园足球影响力需要进一步提升。学校缺乏对足球联赛传播的重视，校级、县（区）级以及市级的足球联赛观众人数不多，更遑论在全国校园足球中的影响力。校园足球联赛还缺乏品牌意识与社会赞助，社会的关注度不高。班级间、年级间的校园足球比赛未获得足够重视，导致校级比赛形式化问题较为严重。通过媒体简单地拍照宣传，并未充分发挥媒体的优势，宣传推广还缺乏实质性的突破。学校的宣传方式较为单一，也使得学生对于校园足球的了解不足，学生无法第一时间掌握校园足球的信息，过时与陈旧的信息传播方式会使得学生的耐心被消磨掉、热情被耗尽。体教融合理念下校园足球的主体应当是学生，只有提高学生与家长对于足球的关注度，才能有效地消除偏见，增强学生学习足球的自信心，使学生从足球训练到比赛中体验输球的挫败感、获胜的荣誉感、融入足球团队的责任感，并使学生养成终身体育的意识。

第四章　湛江市中学足球体教融合实践状况

中学足球活动是一项国家战略活动，是由国家体育总局与教育部联合发文推行的，2014 年，牵头部门由国家体育总局转为教育部，自此在全国范围内形成了以教为主、以体为辅的联合发展模式。2020 年，广东省体育局、广东省教育厅启动了《关于深化体教融合 促进青少年健康发展的实施意见》的编写工作，联合成立了调研专家组，深入湛江等地开展实地调研，向社会广泛征求意见，于 2022 年 3 月 3 日正式印发。湛江市作为全国青少年校园足球重要布局城市，其体育系统与教育系统之间的合作也十分密切，积极实现了资源共享与通力协作的融合发展模式。基于广东省体教融合战略的实施，湛江市也突出强调了体育系统与教育系统在中学足球教学发展层面的通力协作、融合共进，为湛江市中学足球体教融合的有效实施提供了有力的政策支持，助力湛江市中学足球体教融合的迅速发展。

第一节　中学足球体教融合实施的背景

一、体教融合的由来

新中国成立后，在传统竞技体育发展的基础上，建立了“三级训练网”体系，即由体校、省市专业队以及国家队构成的三级教育网络。该模式采用的是集中培养的方式，使得运动员缺少文化教育，也进一步导致了运动员的文化水平不高，这对竞技体育的发展造成了一定的限制，缺乏具备综合素质的全面发展的体育人才。因此，20 世纪 80 年代，出现了体育向教育回归的理念，重新明确教育与体育上下位的概念，从教育层面实施体育教育，故实现体教结合的教学方式，有利于为竞技体育的发展培养优秀的人才。体教结合模式的提出能够有效地缓解“体教双轨制”教学模式存在的弊端，弥补该模式在文化教育方面的缺失，使运动员能够在退役之后获得良好的发展空间，解决体育人才储备缺乏的问题。体教结合针对以往的体育人才培养方式进行了改革与创新，但是在发展的过程中还存在诸多的不足之处，通常体现为体育训练与教学融合深度不足的问题，受到体制与制度的影响，体育系统与教育系统之间缺乏有效的协调机制，在运动员教育及出路等方面还存在一定的问题。全面发展理念在具体的落实过程中虽取得了一定的成果，但形式化问题较为严重，还存在重视竞技而轻视文化的问题。相关学者认为体教结合的方式可以理解为将体育系统作为统筹，实施相应的体教协作培养模式。但是该观念未能有效地解决体教结合存在的行业壁垒问题，许多问题依然存在。

体教结合在具体的落实过程中，需要打破教育系统与体育系统之间的壁垒，促进双方的深度结合，继而形成了“体教融合”这一体、教更加紧密的发展方式。体教融合是对体教结合深层次的优化，也是为体育竞技发展提供高素质后备人才的重要路径。与此同时，学校体育可以将其作为重要的改革方向，重视对学生综合素质的培养。体教融合是体教结合优化的产物，具备较高的可行性与效果性。

新时期，在发展竞技体育与学校体育的过程中，对所采用的培养模式进行了改变创新，不再沿用单一化的培养模式，而是建立具有多样性、富有开放性与合作性的体教人才共建模式，以此满足体育与教育多样化的需求。从国家战略层面分析，应充分掌握新时代体教融合的发展战略，站在国家战略层面审视与执行相关策略。《关于全面加强和改进新时代学校体育工作的意见》指出新时代学校教育工作的原则是改革创新，面向未来；补齐短板，特色发展；凝心聚力，协同育人。同时意见中也提出了要为学生未来升学就业做好科学的规划，建立完善的家庭、学校、政府、社会共同关心支持学生全面健康成长的激励机制。从现实层面分析，2022 年我国全面建成了小康社会，为体教融合的不断推进提供了良好的基础保障。同时体教融合在国家精准扶贫工作中也发挥了重要的作用，体育精准扶贫使人们的精神生活得到了改善，同时也发挥了其他积极作用。学校体育教学工作实现了更大的体育人口数量规模，充分围绕育人的核心理念，将体育活动小组与特色运动项目纳入扶贫地区学校的教学、竞赛以及师资培训发展体系，重视学生德智体美劳综合素质的发展。从国家长期发展规划来说，2035 年建成健康中国，需要体教融合的助力。因此，国家战略的确立与实施，使体育人才培养获得了良好的保障，也拉开了我国体教融合发展的序幕。

二、中学足球体教融合的提出

校园足球活动的实施可以分为两个阶段：一是2009—2014年，此阶段是国家体育总局引领该项活动的实施，同时教育部作为配合角色参与其中；二是2014年至今，此阶段是由教育部主管，国家体育总局进行配合。对上述两个阶段实施的相关情况进行对比分析可以看出，两个阶段都是由教育部门与体育部门共同推进的。但是在具体的发展过程中，双方并未构建高效的沟通协作机制，也导致该项活动推进期间存在资源浪费的问题。因此在未来的发展过程中，教育部门与体育部门需要积极配合，实现有效融合，不断推进改革与创新，继而推动该项活动迅速发展。

政府重视中学校园足球体教融合理念。比如，在中国足球协会(简称中国足协)等三方沟通例会上，提出了加快青少年足球领域的体教融合的主题活动。2018年5月，中国足协与全国青少年校园足球工作领导小组办公室共同颁布了《全国青少年足球体教融合发展政策清单》，主要目标是创建校园足球体教融合发展的新机制。在实践层面对融合做法进行分析，可以看出，体育系统与教育系统的体教融合模式能够有效地促进双方通力合作，并且也是校园足球发展模式的进一步拓展与升级。总的来说，该领域体教融合的意义就是在发展青少年校园足球的过程中，促使体育系统与教育系统充分地发挥自身的优势，进行资源的有效整合，这样既不违背足球教学规律，也能够遵循教育教学规律，既能够培养社会所需要的人才，也能够为体育事业的发展提供充足的后备人才储备。体教融合可以促进青少年校园足球运动的迅速发展，推动学校素质教育的有效开展还有助于竞技足球事业的迅速发展。这样能够较好地实现人才共育与人才共培的目标，进一步整合教育优势。

三、中学足球体教融合的基础与路径

(一)相关政策文件的出台奠定融合基础

中学足球体教融合由国家体育总局与教育部联合推行，发展至今，不管是国家层面还是地方层面均出台了大量的相关政策文件来引导体育部门与教育部门的协作，不断推进青少年校园足球发展，为中学足球体教融合的发展奠定一定的理论基础。国家体育总局与教育部联合发布全国青少年校园足球活动的通知之后，国家与地方层面相继出台了大量的青少年校园足球相关文件，为中学足球体教融合的发展奠定了良好的基础。例如，国家层面，2015年教育部颁布了《关于成立全国青少年校园足球工作领导小组的通知》；2015 年 7 月教育部、国家发展改革委、财政部、国家新闻出版广电总局、国家体育总局以及共青团中央 6 部门颁布了《关于加快发展青少年校园足球的实施意见》；2016 年 4 月国家发展改革委、国务院足球改革发展部际联席会议办公室、国家体育总局与教育部联合颁布了《中国足球中长期发展规划(2016—2050 年)》；2018 年中国足协、全国青少年校园足球工作领导小组办公室联合颁布了《全国青少年足球体教融合发展政策清单》等。地方层面，2022 年广东省体育局、广东省教育厅印发了《关于深化体教融合 促进青少年健康发展的实施意见》；湛江市人民政府印发了《湛江市全民健身实施计划(2021—2025 年)》等。

查阅国家层面与地方层面的相关政策文件可知，大多数政策都是以统筹各部门力量，协调好各部门资源，实现资源优势整合，提升青少年校园足球教学效率为主，为体育部门与教育部门的协调合作奠定了良好的基础。如国家政策及地方政策中都明确指出教育部门负责统筹规划与综合管理，体育部门提供技术指导、行业支持与服务工作等，各部门协调发展。中国足球协会与全国青少年校园足球工作领导小组发布的相关政策文件都指出体育部门在青少年足球训练、竞赛、师资力量等方面具有技术优势，应当同教育部门共享合作，构建完善的共享体制机制。广东省与湛江市的体教融合发展相关政策也都要求体育部门与教育部门加大合作力度，实现资源的积极共享，促进深度融合发展。各项政策都为青少年校园足球体教融合的深入实施奠定了理论基础，也为中学足球教学提供了相应的指导。

(二)相关组织机构的建设构建融合路径

首先，成立青少年校园足球工作领导小组。为进一步加强中学校园足球工作，依据党中央与国务院的工作部署要求，由教育部牵头成立全国青少年校园足球工作领导小组，并下设办公室。领导小组成员由教育部、国家体育总局、国家发展改革委、财政部、新闻出版广电总局、共青团中央 6 部门相关领导层与负责人组成，统筹指导青少年校园工作，同时协调好各部门之间的职责与协作关系。为了积极响应国家号召，广东省及湛江市相继成立了由 6 部门联合的校园足球办公室，统筹管理各部门在青少年校园足球推进中的职责与任务，特别以统筹教育部门与体育部门职能的优劣势为关键的工作。第一，强化体育系统各部门之间的相互支持与交流，在教学、训练、竞赛、教练员培训等方面给予大力支持。第二，积极促进体育系统各部门之间达成目标统一、分工协作以及整体推进的布局。全国青少年校园足球办公室与广东省、湛江市青少年校园足球办公室的成立，为湛江市中学足球教学，青少年校园足球推进中教育部门、体育部门等6部门之间的协调合作、资源统筹协调等构建了良好的融合路径。

其次，成立青少年校园足球专家委员会。为了切实提升青少年校园足球工作开展的科学性，2015年6月，由体育系统与教育系统中足球理论与实务领域的专家以及一线工作者代表组成了“全国青少年校园足球专家委员会”，有针对性地对青少年校园足球发展中的重大理论与实践问题进行研究，提出切实可行的对策及措施，为青少年校园足球广泛开展及青少年足球后备人才培养提供强有力的支持。与此同时，将体育系统与教育系统领域的专家进行有机整合，强强联合，可以有效地为体育系统与教育系统在科研方面的工作构建协作与融合的路径。比如，湛江市出台了“鼓励广东海洋大学、岭南师范学院等院校培养与地区体育项目发展相匹配的各类体育专业人才，以青少年体育学校为平台，开展各类体育职业教育和培训，加强校企合作，多渠道培养复合型体育人才”的政策，为青少年足球人才培养提供政策支持。这些政策也为湛江市中学足球体教融合的有效推进奠定了良好的现实基础。

第二节　湛江市中学足球体教融合的基本模式

为了响应国家政策的号召，湛江市体育部门与教育部门在中学足球教学中积极推进融合试点工作。湛江市吴川市作为青少年校园足球试点县，在青少年校园足球体教融合发展中具有突出的组织优势。省体育局、市体育局、省教育厅、市教育局四大管理主体，以及省、市足球协会等组织主体，为湛江市中学足球体教融合的开展提供了更加广泛的路径。通过对足球相关领域专家与湛江市体育系统与教育系统组织管理层的访谈，能够看出体教融合并不是体育系统与教育系统的简单相加，也不是合二为一，而是二者充分发挥自身的优势，继而实现优势共享与取长补短，最终形成合力，并服务于中学足球的发展。足球领域的相关专家以及湛江市体育部门与教育部门组织管理者认为，现阶段的体教融合在中学足球推进的过程中主要分为三种模式，即教中有体、体中有教、体教共建。这三种基本模式是基于体育系统与教育系统之间的融合发展的内涵所形成的。与此同时，湛江市在此三种基本模式的基础上又形成了“双重管理平台”，此四种融合形式为湛江市中学足球的发展奠定了良好的基础。现阶段湛江市中学足球体教融合不断推进，还处于试点时期，各种融合模式并未形成较为完善且系统化、普及性的发展模式。因此本节主要是以湛江市目前中学足球体教融合的实践试点工作为主要研究内容。

一、体育系统走进教育系统——“教中有体”

当前，中学足球教学由体育部门主管转变为由教育部门牵头，其主要原因是不想让中学足球沿用竞技足球的教学模式，一味地发展精英式足球。进入新时代，在教育系统主导下的中学足球应当重视普及与提升共同进行、基础与精英共同推进。但是教育系统在足球人才培养、专业师资培训以及竞赛组织等方面都存在诸多的不足之处，也就需要体育系统的技术支持与行业共享资源。通过对湛江市相关领导层管理人员的访谈，笔者充分了解到“教中有体”是目前湛江市体教融合的主要模式之一，教育系统拥有体育系统的支持，体育系统为教育系统提供共享资源与技术支持，为教育系统存在的薄弱环节提供针对性的服务。“教中有体”的融合模式如图 4-1 所示。

湛江市体育系统中主要负责中学足球活动开展的组织单位是湛江市足球协会(简称足协)，其拥有的资源较多，因此提供的服务也呈现出多样化的特点。

图 4-1　“教中有体”的融合模式

教育系统与体育系统的融合力度相对较大，主要表现在两个方面：其一，体育系统助力中学足球提高技术水平，也就是为培养足球优秀人才提供技术指导。湛江市足协为足球特色学校运动队训练提供专业的教练员指导，在中学足球赛事以及人才选拔方面提供专业裁判员与专业选才团队，同时对中学足球运动员开放参与权限等，最终目标是通过体育系统与教育系统的通力合作来培养与选拔更加优质的中学足球运动员，以此为竞技足球事业提供支持。其二，体育系统为中学足球校园普及提供指导。湛江市足协凭借一定的行业服务及专业优势，委派专业的足球教练员培训中小学足球教师，委派足球明星与足球专家等走进中学校园，为中学生普及足球文化知识，促进中学校园足球活动普及工作开展。这一融合模式在青少年校园足球特色学校和试点县(区)已经初具雏形。青少年校园足球战略正式提出之前，湛江市足协与教育系统的部分学校已经开始合作，主要体现在足球裁判员培养权限开放方面。待全国青少年校园足球特色学校和试点县(区)认定之后，湛江市足协便就中学足球开展针对教育系统薄弱环节的服务，比如师资力量培养、赛事活动组织等方面，使得教育系统与体育系统之间的合作更加密切。通过访谈可以看出，现阶段“教中有体”的融合模式已成为湛江市体教融合模式中推进最为顺利的模式。一方面，中学足球教学由体育部门主管向由教育部门牵头转变，体育系统主动来辅助教育系统的教学；另一方面，通过前期的良好合作，已经形成了较为稳固的基础。但是这一融合模式在推动体育系统与教育系统的融合中还是以活动的形式进行融合，虽然具备实效性，但是其时效性及长远性不足。

二、教育系统走进体育系统——“体中有教”

体育系统的本质属性是为竞技体育服务，发展精英教育，提升竞技体育的成绩。所以，体育系统主要是通过推进中学足球活动，培养足球后备人才，提升足球的整体水平，以此来为竞技足球提供相应的服务。体育系统在中学足球人才专业训练方面虽然具备优势，但是在文化教育层面却存在滞后性，因此需要教育系统在其中发挥支持作用。对“体中有教”融合模式的含义进行分析可以看出，体育系统有行业资源支持需求，教育系统便走进体育系统，通过自身的优势，为体育系统提供针对性的专业资源及行业服务，为体育系统存在的薄弱环节提供针对性的服务。图 4-2 是“体中有教”的融合模式。

图 4-2 “体中有教”的融合模式

湛江市教育系统中主要负责青少年校园足球活动实施的组织单位是湛江市教育局体卫艺科，因具有多样化的主体资源，能够为体育系统提供的行业服务也较多，更有利于两个系统共享优势。其主要表现在三个方面：其一，教育系统为体育系统的中学足球后备人才培养提供教育服务。高校中的足球专家及教授等水平较高，能够为中学足球运动队成员提供基础知识与社会技能知识等相关的文化理论、思想品德以及心理健康教育。其二，教育系统进入体育系统能够有效促进双方的交流与互动。湛江市足协将教育系统人员广泛纳入，比如高校体育专家与中小学足球特色学校校长等，强化双方之间的沟通交流。其三，教育系统为体育系统的中学足球训练工作提供相应的科研支持，也就是教育系统充分利用科研优势，对中学足球运动训练中的测试数据等开展科学研究分析。此融合模式主要充分发挥教育系统中的教育资源优势，为体育系统中的中学足球人才培养教育缺乏提供相应的服务。通过访谈了解到，这一融合方式在湛江市中学足球体教融合中推进相对缓慢，虽然早期就与一些高校达成高水平足球运动员升学合作机制，但是湛江市足协对于青少年足球人才的培养还未完全脱离三集中的方式，文化教育还是以“体校”的模式来完成，其对于教育系统的教育资源重视不足。这一融合模式同样是将活动作为载体进行的融合，提供行业服务，但是缺乏长效性及延续性。除此之外，相较于“教中有体”的融合模式，该模式还存在表现形式单一、融合内容相对固定以及两个系统融合度不高的问题。

三、体育系统与教育系统交叉融合——“体教共建”

“体教共建”的融合模式在开展竞技体育人才培养时就已经产生，且是以“共建”作为主要形式，由普通高校与体育主管部门共建高水平运动队，以此促进体育系统与教育系统的优势互补与资源共享，更好地培养优秀的竞技后备人才。新时代，“体教共建”的融合模式也拥有了新的内涵，中学足球教学成为体育系统与教育系统深度融合的重要切入点。根据早期关于“体教共建”的资料以及对现阶段湛江市中学足球体教共建点的建设情况的分析可知，中学足球“体教共建”的融合模式，就是通过体育系统与教育系统交叉协作共同联合培养中学足球运动队的方式，两个系统充分发挥自身的优势，实现资源互补，为中学足球后备人才的培养提供服务。“体教共建”的融合模式如图 4-3 所示。

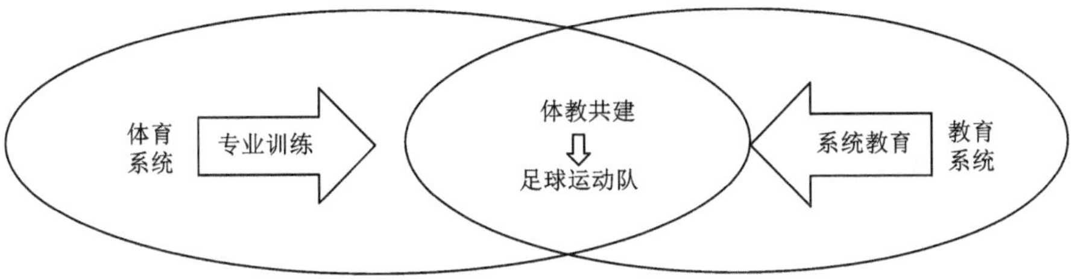

图 4-3 “体教共建”的融合模式

湛江市中学足球“体教共建”的融合模式主要表现在三个方面。其一，市足协与学校签订协议联合培养足球运动队。由广东省教育厅与广东省体育局达成联合培养协议，联合发布选拔文件，两个系统人员共同参与选拔与组建青少年足球运动队，继而形成湛江市足协与某一学校的协议。按照协议，最终选拔的足球运动队以“体教共建”的融合模式安排在学校中，市足协提供专业的教练员及训练体系，学校则确保运动员系统地学习文化知识，以此实现两个系统的优势资源共享。其二，市足协授权青少年足球训练基地在学校挂牌。市足协从中选取足球运动基础较好且氛围较浓厚的学校，与其达成协议，进行中学足球训练基地的授牌，以此弥补体育系统培养后备人才的不足，这样既能够拓宽中学足球的训练渠道，提升人才培养的科学性及系统性，也能够促进该校足球运动的普及。其三，运用“一条龙”式的培养形式。市足协与学校共建足球运动队，队员通过一定的文化与足球技能测试可升入对应的高学段共建学校进行学习与训练，以此来确保人才培养的持续性及稳定性。同时，市足协将中学足球训练基地"挂牌"到学校，随着"共建点"与"挂牌校"数量的不断增加，中学足球教学取得了良好的实践成果。根据相关访谈可以知晓，这一融合模式是体育系统与教育系统将"项目"作为载体进行融合，两个系统之间形成融合、共享以及共赢的理念，这也是湛江市融合力度最大、融合持续性最强、融合最充分的一种体教融合模式。这也是对早期"体教共建"模式的一种创新，其创新之处在于共建点不单单是高等院校，更多的是中小学，与竞技人才培养的客观规律相匹配。

四、以"双重管理平台"为载体的特殊融合模式

"双重管理平台"是指体育系统与教育系统共同建设的平台，是一种具有双重性质的体育学院，比如广州体育学院。广州体育学院原属于国家体育总局，是中央与地方共建、以地方管理为主的省属院校。同时，经过教育部与国家体育总局的批准，广州体育学院还成立了专门的足球学院，其也是教育部全国青少年校园足球骨干师资专项培训点、国培计划培训单位以及广东省校园足球师资培训中心，足球学院的设立更是为校园足球体教融合发展创造了优良条件。由相关资料及访谈可知，广东省足协与省内各地级市足协的领导班子及各业务部门组织人员等多数是广州体育学院本科及研究生毕业，所以对广州体育学院具有深厚的情感，与之建立了良好的互动与交流合作关系。上述双重性质的特殊性以及省、市足球领域人员与广州体育学院的特殊关系，为体育系统与教育系统之间的良好合作提供了集中的融合平台。利用"双重管理平台"作为载体的特殊融合形式，是体育系统与教育系统通过广州体育学院这一双重属性的"中间联络站"来达成融合共识的，同时也可以依托足球学院专业资源，充分落实教育系统与体育系统之间的融合内容及融合方式。"双重管理平台"的融合模式如图 4-4 所示。

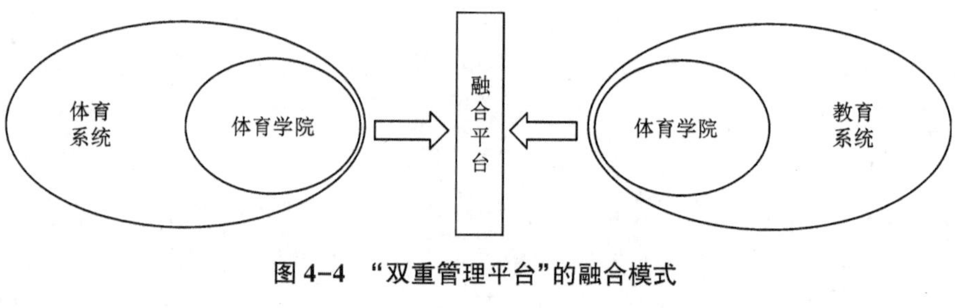

图 4-4 "双重管理平台"的融合模式

湛江市中学足球“双重管理平台”融合模式主要表现在两个方面。一是教育系统充分利用体育系统的专业资源来提升培训的质量。教育系统开展中小学足球教师培训、教练员培训、国培计划与骨干教师培训等系列培训工作，利用多元化的培训方式，聘请足球学院足球讲师、教育系统高校足球专家以及足协专业教练员讲师等，为教育系统人员进行科学的培训。二是体育系统充分运用教育系统的生源资源，不断拓宽裁判员培养的辐射范围。在高校设立足球裁判员培训基地，足协充分利用体育学院的双重属性，打通裁判员培养通道，吸纳教育系统的足球裁判力量。上述两种表现形式在一定程度上满足了青少年校园足球对足球教师、教练员以及裁判员的大力需求。此融合模式是体育系统与教育系统以体育学院“双重管理平台”的特殊性质作为基础，同时与各级足协及各业务部门组织人员构建良好的沟通渠道，是青少年校园足球体教融合形式中十分特殊的一种融合模式。这一融合模式使体育系统与教育系统以“项目”为载体达成协作发展共识，同时基于体育学院的特殊性质，使得教育系统与体育系统更加容易进行沟通，形成更为稳定的合作方式。

第三节　湛江市中学足球体教融合的具体实施情况

一、“教中有体”式融合实践情况

中学足球“教中有体”融合模式是体育系统将自身专业的人力、物力等专业技术资源及丰富的训练与竞赛策划服务与教育系统进行积极共享，以此实现教育系统与体育系统在中学足球教学中的融合发展。现阶段湛江市中学足球“教中有体”的融合模式的主要实践做法有以下几种。

（一）体育系统为中学足球普及提供服务

体育系统提供行业服务渲染校园足球文化氛围。体育系统与教育系统的联合，可以有效地培养学生对足球的兴趣，提升学生学习足球的积极性。比如，组织开展“足球明星进校园”活动，也就是使足球明星走进校园，向学生传播足球文化，与学生近距离交流，培养学生对足球的兴趣。现阶段，湛江市此类活动在中小学及高校都有实践，通过足球明星所形成的“偶像效应”，加强足球氛围。可以邀请知名“国脚”甚至“世界足球先生”到中学校园，运用丰富的训练经验，现场指导学生学习，促使学生获得丰富的体验。同时，也能够吸引众多学生积极参与，点燃学生学习足球的激情，渲染足球在中学校园的氛围。“足球明星进校园”活动，能够充分发挥体育系统的行业资源优势，在中学足球文化氛围的渲染方面具有十分明显的成效，学生基于足球明星的强大号召力与感染力，纷纷走出教室，走向球场。但是通过相关访谈以及实地调查了解到，现阶段湛江市体育系统与教育系统协作开展的“足球明星进校园”活动并未形成常态化的合作趋势，能够举办此活动的学校少之又少。因此需要进一步加强组织间的长效合作，争取为更多的学生带去“福利”。

体育系统为足球教学提供专业的人力资源。足球师资是普通学生掌握足球基本知识、基本技能的关键，也是保障课程教学质量的关键。中学足球教学的一大重要问题便是师资匮乏且水平不高，所以足球教师队伍建设工作十分重要。近年来，湛江市中学足球师资培训工作正在不断完善，同时引进了体育系统专业教练员，为中学足球师资培训工作提供了专业化的技术指导，以此提升培训的质量。比如，全国青少年校园足球师资国家级专项培训工作等是由教育系统主办，省足协提供专业的教练员资源，培训讲师团队则是由双方成员共同组成。在教学内容方面，由教育系统的足球专家及教授负责足球理论知识与师德教育工作，体育系统的足球教练员负责培训足球技术与战术等实践课程，以此充分发挥教育系统与体育系统的资源优势，提升足球师资培训的效果。但是这也面临诸多的问题，比如，体育系统的教练员讲师可能会由于训练任务、竞赛与外派裁判等情况无法参加培训工作。归根结底，根源在于教育系统与体育系统未达成良好的沟通与协作，继而影响到系统双方的融合深度。

体育系统提供专业人员组织开展足球夏令营活动。教育系统是中学足球教学的主导者，夏令营活动的举办目标是促进中学足球的普及。组织开展中学足球夏令营活动可以吸纳体育系统参与，为活动提供专业的裁判员及相关赛事组织编排人员，在一定程度上提升活动的专业水平，实现教育系统与体育系统之间的资源共享。但是需要注意的是，在赛事流程与操作上要避免夏令营活动与足协举办的赛事之间的冲突，避免部分裁判员无法出席的问题。在赛程安排方面，足协管理人员介入监管，提供科学性与系统性的赛程计划。但是根据了解，部分介入人员是由学校教师通过私人关系聘请，并不是由教育系统与体育系统官方组织，这说明教育系统与体育系统虽存在一定的资源融合，但是可能由于沟通渠道不畅通，融合程度不高。

（二）体育系统为中学足球训练提供服务

首先，体育系统为中学足球训练提供专业化的指导。其一，足协的专业足球教练员走进校园，提升教育教学的专业性。在教育系统培养中学足球后备人才方面，其不足之处在于专业的足球教练员的缺失，使得课余训练成效不佳，而体育系统可以弥补这一方面的不足。湛江市足协为了进一步加大中学足球后备人才的培养力度，积极统筹体育系统的专业人员走进校园，为中学足球训练工作提供专业化的指导。其中，退役足球运动员进校园是现阶段湛江市足协大力发展的重要方向，足协鼓励退役运动员从事中学足球教练员工作，一方面能够为中学足球后备人才培养贡献力量，另一方面也能够解决退役运动员的发展问题。这样既能够有效地发挥体育系统的资源优势，为教育系统进行服务，也能够有效地解决体育系统退役人员的转型发展问题。但是现阶段教育系统与体育系统在此方面还未达成长远的协作谋划。其二，足协初步为教育系统开放足球教练员培养通道。相关的调查显示，近年来不少地区的足协在中学足球教练员培养方面积极参与并提供了相应的技术支持，协助教育系统培养更加优质的中学足球教练员队伍。与此同时，将中国足协教练员等级权限向教育系统开放，尤其是体育学院足球专项学生，通过省（区、市）足协专业教练员的培训，最终考核合格的人员便可以获得中国足协 D 级教练员资格证书。现阶段，广东省足协针对高等院校足球专项本科生与研究生进行培训，实现了资源共享，也拓宽了体育系统足球教练员的培训路径，并且能够为教育系统足球专项的学生提供更大的发展空间，为中学足球培养高质量的教练团队奠定良好的基础。这是一项十分有效的融合措施，能够使参与各方获得更高的效益。其三，体育系统向高校开放足球裁判员培养权限。随着中学足球联赛的不断发展与完善，中学足球赛事活动呈现出繁荣的发展态势，而比赛都需要裁判员进行裁决，因此足球裁判员的需求量也是较大的。体育系统为了充分助力中学足球赛事的组织实施，将足球裁判员的培养权限向高校开放，构建了直通式的足球裁判员培养渠道。现阶段，广东省足协与湛江市足协与广州体育学院等高校合作，将足球裁判员(二级)培养权限下放至高校，并且由高校足球专家与教练员进行专业授课与培训、考核等，最终将合格的人员上报给省、市足协，并发放裁判员证书。因此，体育系统将裁判员培养权限向高校开放，一方面能够为高校足球专项、体育学院学生以及足球爱好者提供发展的机会；另一方面也能够不断壮大裁判员的队伍，为中学足球培养大量的裁判员。各地足协依托高校培养中学足球裁判员已经陆续形成了常态化的趋势。体育系统通过高校足球专家、讲师以及裁判员等资源有效地培育体育学院的足球专业学生、足球爱好者以及中小学足球教师等，不断拓宽培育的路径，扩大辐射人群范围，并为高校提高培养质量提供相应的保障。

其次，体育系统为中学足球人才培养开放相关的权限。中国足协与全国青少年校园足球工作领导小组办公室出台了《全国青少年足球体教融合发展政策清单》(以下简称《清单》)，依据此政策，湛江市体育系统更加积极主动地为青少年足球人才培养开放相关的权限，以此增强教育系统与体育系统之间的合作。根据相关的访谈可以知道，现阶段足协在助力中学足球人才培养方面开放的权限包括以下几种。其一，参与体育系统赛事的权限。《清单》中对于“赛事一体化”的进程进行了分析，提出足协向中学足球联赛与夏令营阵容选拔活动初步开放权限，教育系统的中学足球运动队可以参与体育系统举办的赛事，如青少年邀请赛、足球俱乐部的友谊赛等，教育系统与体育系统球员之间相互切磋球技，不断进步。但是该融合机制还未形成完善的工作方案。其二，人员及场地资源权限有所放开。足协训练基地是青少年足球运动训练中心培养青少年精英运动员的地方，以往没有向教育系统开放过。目前，教育系统举办的足球夏令营阵容选拔活动，有体育系统的协助与参与，且体育系统为教育系统提供了专业的组委会成员、裁判员、经费、场地等，教育系统与体育系统共同完成测试与选拔工作，这也使得选拔的专业性与科学性提升。与此同时，足协专业的足球场地资源也会向部分足球特色青少年运动队开放，但是现阶段开放的对象仅限于合作共建的队伍。其三，足协积极举办“开放式夏令营活动”，与高校足球专家、中小学校领导共同制订方案，降低参与门槛，吸纳更多的中学足球运动员与足球爱好者参与到业余训练中，一方面能够为教育系统学生提供专业化的训练与指导，另一方面也能够有效地扩大体育系统足球精英人才的培养范围。

二、“体中有教”式融合实践情况

教育系统具有的丰富教育资源，也是体育系统培养中学足球人才过程中存在的不足之处。因此教育系统可以充分发挥自身的优势，为体育系统提供教育培训；也可以为体育系统中学足球运动员提供教育教学与科研资源，以此形成教育系统与体育系统的良好合力。根据相关调研，现阶段中学足球“体中有教”的融合模式的主要实践集中在以下几方面。

（一）提供足球后备人才的“教学科研”服务

教育系统所管辖的高校与中小学具有丰富的教学资源、良好的教育团队与科研学者们，能够为体育系统提供相应的教学及科研支持。

首先，可以提供教育资源。足球专业的专家与学者们可以走进足协，为足协培养中学足球运动员开展相关的教育讲座活动。比如可以聘请专家学者从心理方面及教育理论方面来解析足球内涵，为足协青少年足球运动员开展教育讲座，包括文化知识、思想品德、社会技能以及心理健康等相关内容，增加青少年足球运动员对足球运动的认识，提高青少年足球运动员的综合素质，引导青少年足球运动员树立正确的人生观、价值观。与此同时，也可以为青少年足球运动员进行职业生涯规划，为其提供明确的发展方向。但是现阶段反映出的问题是，虽然讲座开展效果良好，但是还未签订完善的协议，无法形成长期合作，只能通过临时聘请的方式来开展相关的教育活动，未能形成系统化的教学策略。

其次，可以提供科研资源。一是充分利用教育系统高效的科研团队对相关数据进行分析。根据调查，为了提升中学足球训练与培养的科学性，对中学足球运动员开展的相应训练强度、生理指标测试以及重要赛事的录像中的相关数据等进行分析与评估，体育系统与高校进行合作，积极运用教育系统的科研资源，为其提供科学的数据分析报告。一方面，足协青少年足球运动队在训练的过程中运用先进的仪器设备对运动员进行监测，但是对于测出来的运动强度与生理指标等，如心率、肺活量、最大摄氧量等，足协缺乏专业的团队进行评价。将此任务交给高校科研中心及相关科研组织进行指标的分析与评估，最终高校将评估报告与总结反馈给足协，可以提高高水平足球运动队的科学监测水平。另一方面，足协与体育学院的足球团队达成共识，将青少年足球运动队的比赛录像与视频等交给足球专业研究生进行数理统计分析，以此为科研工作提供数据参考，也能够为足协青少年足球训练提供专业数据报告。但是现阶段，很多足协与高校之间的合作属于“人情合作”，需要进一步规范组织之间的官方协作及有效融合。与此同时，足协青少年足球运动队外出调研学习会邀请教育系统的专家陪同。待调研结束之后，由高校足球专家进行专业且细致的调研总结，针对青少年足球训练体系、中学足球推进过程中的反馈与启示等进行研究。这样一方面能为足协青少年足球运动员的培养提出科学的发展规划，另一方面也能为教育系统主导的中学足球教学提供相应的启示。充分发挥教育系统的优势，能够有效地促进教育系统与体育系统之间的融合发展，但是缺点为现阶段还未形成常态化的教科研服务路径。

（二）促进教育系统与体育系统的双向交流与互动

现阶段，足协广泛邀请教育系统的相关工作者参与到足协会议中，并且将教育系统的相关人员纳入足协系统。一些足协为了更好地发展中学足球并培养青少年足球后备人才，在组织与规划方面已经逐步引进了高校的体育专家、足球教授以及中小学足球特色学校的校长等人员，不断增强双方之间的互动交流。其通常体现在两个方面。其一，足协将高校体育学院院长纳入足协执委会，参与足协青少年足球运动队发展规划及相关事务，这也是教育系统成员纳入体育系统的重要体现。其二，足协定期开展青少年足球工作会议，比如，年度规划会等，会邀请足球专家及中小学足球特色学校的校长参与会议。在会议中，教育系统人员为青少年足球发展提出相关建议，并且也学习足协青少年足球运动员的训练方式方法等，以此来促进双方的合作共赢。

（三）教育系统为足球后备人才提供升学机会

体育系统所培养的后备人才的升学问题困扰已久，而教育系统高校资源便能够为后备人才提供相应的升学机会。相关资料显示，教育系统的一些高校已经形成了制度化的高水平运动员升学机制，能够为足协青少年足球运动员打通升学通道，且可以应用特殊的考核方式，为高水平运动员学生降低文化门槛。

高校在青少年中学足球战略实施之前便与足协开展了相应的合作，联合培养男女足球队员，同时高校也为足球运动员提供学习的平台。如今，伴随着教育系统与体育系统的联系更加密切，高校与足协的合作也愈加密切，被纳入体育系统的足球运动员，既可以为学校的足球比赛争取荣誉，又可以解决升学及未来发展问题。

三、“体教共建”式融合实践情况

中学足球“体教共建”的融合模式，也就是通过体育系统与教育系统达成联合培养的意识，继而由足协与学校签订协议，以共同培养出文化课成绩与运动技术双优的青少年足球后备人才为目标，教育系统与体育系统共同服务于中学校园中少部分的足球“精英群体”。现阶段，中学足球“体教共建”的融合模式的主要实践有以下三种。

(一)足协与学校签订共建与联合培养协议

基于体育局与教育厅之间的青少年足球人才联合培养共识，广东省足协与高校签订青年男足合作共建协议，在全省选拔适龄的运动员，联合办学建立省青少年男子足球队，选拔出的运动员会以“体教共建”的方式在中学接受联合培养，同时，参加全国青少年男子足球锦标赛。经过初选、复选以及最终考核的小球员们，都可以通过“体教共建”的模式进入中学进行学习与训练，同时开展文化教育与专业训练。根据调查，“体教共建”的青少年队伍能在比赛中获得相对优秀的成绩。“体教共建”模式可以促使足协提供资金与装备设施支持，也能够为学校提供专业的足球教练员与裁判员指导运动队训练工作。而学校则是对选拔出的运动员进行系统的文化知识教学，与其他学生相比并无差别，确保运动员的文化课程与运动训练共同开展。科学的训练方式加上系统的学科教育，一方面尊重学生的成长规律，另一方面也遵循后备人才培养的规律，取得良好效果。该模式实现了体育系统与教育系统的强有力联合，实现了资源共享与优势互补。足协与学校签订协议，利用“共建足球队+联合培养”的模式，促使体育系统为学生提供专业的技术支持，教育系统为学生提供文化课程保障，最大限度地确保足球人才培养的科学性。

(二)足协授权青少年足球训练基地联合培养

为了进一步强化青少年校园足球“体教共建”的培养工作，足协在与学校达成协议共建足球队并开展联合培养的基础上，在青少年足球训练基地授权提供专业的资源支持，支持学校运动队的培养，以此为体育系统输送青少年足球优质人才。相关调查显示，目前青少年足球训练基地的“挂牌”涵盖了小学、初中、高中以及高校四个层次的学校，且“挂牌”多为青少年男子足球训练基地。通过技术资源与教育资源的充分整合，可以提升青少年中学足球人才培养的质量，继而为体育系统输送优质的青少年足球人才。例如，陕西省、四川省等相继对其所辖的重点扶持学校举行了足球训练基地授牌仪式。这一系列举措是各地探索青少年足球训练模式的一次新尝试，也是不断加强体育系统与教育系统联合工作的尝试，是对中学足球推广活动的支持。学校积极推进中学足球教学，一方面，在中学足球的普及方面，设置了足球特色课程，同时还编撰了足球校本教材；另一方面，在水平提升方面，不断组建足球队，向青少年足球训练中心输送优秀球员。这些活动与措施等都让这些学校获得了“挂牌”的机会。通过对广州市的实地调查了解到，挂牌的学校现阶段在广东省足协及广东省青少年足球训练中心的协助下，已经形成了浓厚的中学足球氛围，学校足球运动队训练也更具科学性、系统性。广东省足协对强化体育系统与教育系统的合作及青少年足球人才培养非常重视。

“体教结合”的升华是“体教融合”，是借助青少年中学足球活动的大力开展，将青少年足球训练中心挂牌于学校，强化与学校之间的深入合作，同时由足协提供专业的技术支持及配套设施，以此通过学校平台为培养更加优质的青少年足球运动员，促进体育系统与教育系统的有机结合。选择挂牌的学校都是足球基础较好的特色学校，在青少年足球人才培养方面具有一定的经验基础。学校积极主动地引导学生参与足球运动，并为学生提供专业的指导，激发学生学习足球的兴趣，并且在青少年足球运动队培养方面给予更多的支持，合理协调球员文化学习与足球训练时间的矛盾，以期充分发挥体育系统与教育系统的资源优势，实现优势互补，共同打造文化课成绩与运动技术双优的青少年足球运动队伍。现阶段，足协青少年足球训练中心挂牌学校范围正在逐步扩大，同时足协还准备在下一阶段向基础好的幼儿园挂牌，以此激发幼儿学习足球的积极性，培养幼儿的足球意识。

（三）构建人才培养共建体系

“一体化”训练及升学模式是早期主要针对运动员培养规模较小、成才率不高，以及人才出路问题而形成的一种育人的模式。伴随着青少年中学足球活动的稳步推进，也有部分学者提出了新型的“一体化”训练与升学模式。此模式是在体育系统与教育系统达成联合培养共识的基础上形成的一种“小、中、大学校”相互衔接的训练体系及升学机制，这也是体育系统与教育系统深度融合的具体体现。根据相关资料，现阶段已经在部分省(区、市)建立了青少年足球人才培养的“一体化”训练与升学模式，取得了良好的成效。比如，中国人民大学足球队就构建了“人大附小—人大附中—人民大学”的“一体化”培养模式，取得了良好的成效；上海市如今已经形成了全市中学足球“一体化”集聚培养模式，为我国各地区中学足球后备人才培养提供了宝贵的经验。与此同时，青少年校园足球全国重点区域布局，要在足协与学校共建青少年足球运动队并联合培养的基础上，构建完善的小学、中学、大学等一体化的青少年校园足球人才训练与升学模式。体育系统主要为青少年足球运动员提供技术服务等资源，教育系统则为其提供优质的教学资源，使得青少年足球运动员能够获得系统与持续的培训。与各大学附属学校之间达成共识，小学阶段品学兼优的青少年足球运动员通过理论与实践技能测试，合格者可以获得就读中学的机会，大学则是为优秀的青少年足球运动员提供了广阔的升学平台，以此形成各个学段相互衔接的“一体化”训练与升学模式。该模式的优势在于体育系统与教育系统打破了行业壁垒，充分协调沟通机制，做到义务共享与责任共担、利益分享。这样一方面能够为各学段系统地做好文化教育、科学训练提供经费的支持、条件的保障等，形成系统的训练体系；另一方面运动员也具备升学的优势，改变家长传统的抵触运动的思想，形成正确的观念，并形成良性循环，鼓舞更多的学生参与中学足球运动，实现中学足球运动的繁荣发展。青少年校园足球人才培养共建模式，一方面，能够充分提高学校学生、教师以及家长的积极性，促进中学足球运动的普及；另一方面，也能够保障运动员文化教育与足球训练的稳定性与延续性，是教育系统与体育系统实现共同科学育才的重要措施。现阶段青少年校园足球“一体化”训练与升学模式具有辐射面较为狭窄的问题，所涉及的青少年也相对较少。因此在今后的发展过程中，还需要拓宽渠道，建设规范与广泛的“一体化”模式，惠及更多青少年运动员。

四、“双重管理平台”式特殊融合实践情况

湛江市“双重管理平台”式特殊融合实践模式主要是以广州体育学院作为体育系统与教育系统之间融合的平台。以体育学院为依托，体育系统与教育系统双方充分利用对方的资源优势，实现资源的共享，为青少年校园足球相关工作提供服务。现阶段中学足球“双重管理平台”式特殊融合实践情况如下。

(一)发挥体育系统的专业资源优势

从体育学院双重属性的特殊性角度分析，青少年校园足球师资培训工作开展以来，广州体育学院成为青少年校园足球师资培训的重要基地，每年都会承担各种形式与类型的足球师资培训活动。这一工作以前都是由教育系统单独进行，所取得的效果不佳。后来，广州体育学院成立专门建制的足球学院，学院具备结构多元化与资质深厚的专业足球师资力量，其中有多名教师长期担任中学足球讲师。足球学院也是首批教育部全国中学足球骨干师资专项培训点、国培计划培训单位与中学足球师资培训中心，体育系统全程参与培训工作并提供全方位的支持。此工作一方面为教育系统培养中学足球师资力量提供了更为便利的机会，另一方面也为教育系统与体育系统在足球师资培训方面构建了融合的桥梁，提升了培训的水平。广州体育学院成立足球学院之后，承办各种形式的足球师资培训活动，通过足球学院官方网站对所承办的培训工作进行总结。

从足球学院网站所发布的各类师资培训工作的实践情况及总结可知，中学足球师资培训工作都是由教育系统与体育系统的领导共同主持开班仪式，教育系统主办，体育系统全力支持协办，共同促进足球师资团队的建设。具体的工作主要包括以下两个方面。其一，加强培训讲师结构多元化。培训不仅有足球学院校园足球讲师、足协委派的足球教练员，也有聘请的俱乐部外教等，同原先单一的讲师结构形式存在强烈的对比。比如，2018 年国培计划进行过程中邀请了西安启拓足球俱乐部外教；2018 年全国骨干教师培训过程中邀请了恒圣体育的德国专家团队、中国大学生体育协会足球分会副秘书长、足球学员、足球专家等。上述组合都为教育系统足球教师的培训工作提供了专业的人员支持。其二，在培训单元设置与培训内容安排等方面，教育系统需要积极地与体育系统进行密切的沟通与联系，需要根据学员的结构及需求，由教育系统高校的足球训练专家负责足球理论知识及中学足球科研成果的讲授，由体育系统中足协及足球学院专业教练员与讲师等主要负责足球技能及训练等方面内容的讲授，由外教团队传授国外青少年足球发展成功经验及先进的科技手段等，从而科学地利用体育系统的专业资源优势，不断提升培训的实效性。

根据上述分析可以看出，教育系统中的中学足球师资培训活动主要是基于体育学院与体育系统构建了融合培养中学足球师资团队的平台，教育系统充分运用体育系统提供的专业的师资力量，提升足球教师培训的质量。

（二）充分利用教育系统的人力资源优势

基于广州体育学院的特殊性，依托学院丰富的专业裁判团队资源、完善的裁判员培养体系等，广东省足协授予广州体育学院足球学院“裁判员训练基地”，充分利用教育系统的优势，广泛吸纳人才，构建与教育系统合力培养足球裁判员的通道，以此加大裁判员的培养力度及扩大辐射范围，并且能够为中学足球联赛、校内比赛以及校际比赛等提供高水平的足球裁判员。根据相关调查及网站信息，现阶段广东省足协依托广州体育学院足球学院专业优势，充分利用教育系统人力资源优势培养足球裁判员的方式主要有两种。一种是充分利用体育学院学生群体的资源优势，培养学生足球裁判员。高校体育生源是扩充足球裁判员队伍的不竭来源，而广州体育学院作为高等院校，其体育学专业生源优势明显。因此要依托广州体育学院足球学院完善足球裁判员培养体系，充分利用广州体育学院丰富的体育生源，培养学生足球裁判员队伍。裁判员培训工作主要是由广东省足协委托足球学院进行开班培训，针对广州体育学院体育专业学生，由足球学院专业裁判员讲师团队进行课程的讲授，课程的内容主要包含现代足球竞赛规则、五人制比赛规则、裁判员裁判法分析等相关理论知识及实践技能，最后由讲师组织开展培训考核工作。考核合格的人员由广东省足协发放二级裁判证书。广东省足协委托足球学院培养足球裁判员，既能够充分利用广州体育学院的体育生源优势，也能够为学生提供提升自身专业水平的机会，使得体育系统与教育系统等都能够有所获益。另一种是将裁判员培养与足球师资培养相互衔接，培养校园体育教师，尤其是足球专项的体育教师及足球教练员、裁判员等。伴随着足球特色学校建设、足球师资培训工作的不断推进，中小学足球教师队伍规模也不断扩大，这为足球裁判员的培养提供了人力资源。所以，广东省足协以广州体育学院足球学院为基础，创新足球裁判员的培养方式，即将裁判员培养与足球学院承担的各级各类中学足球师资培训进行有效的衔接，构建足球师资培训与裁判晋级同步发展的通道，不断扩大裁判员培养的辐射范围，加快裁判员的培养进度。上述两种足球裁判员的培养方式，都是广东省足协在充分利用教育系统人力资源优势的基础上，为体育系统培养足球裁判员队伍，也为教育系统的学生及教师等提供提高自我业务水平的机会，促使教育系统与体育系统实现共赢，最终为中学足球裁判员队伍的建设提供相应的保障。

总而言之，现阶段湛江市中学足球体教融合以广州体育学院为特殊融合平台，教育系统与体育系统主要针对青少年校园足球师资培养、裁判员队伍建设以及依托足球学院培养青少年校园足球的后备人才等内容开展有效合作。此模式相对稳定，且融合效果较佳，也是青少年校园足球体教融合发展的重要模式。

第四节　湛江市中学足球体教融合的 SWOT 分析

SWOT 分析法又称作态势分析法或者优劣势分析法，可用于中学足球体教融合的优势、劣势及核心竞争力的分析。其中，S(strengths)代表优势，W(weaknesses)代表劣势，O(opportunities)代表机遇，T(threats)代表威胁。S、W 是内部因素，O、T 则是外部因素。对湛江市中学足球体教融合的未来发展来说，其内部优势与劣势以及外部机遇与挑战等需要实现有机结合。本节从管理学及 SWOT 模型角度，对湛江市中学足球体教融合进行态势分析，并且通过不断拓宽研究视角、丰富分析及研究方法，为今后湛江市更好地整合其优势与机遇、规避劣势与威胁等提供一定的参考。

一、优势分析

湛江市中学足球体教融合模式发展的优势在于湛江市丰富的教育资源及足球专业技术资源，能够为体育部门与教育部门相互间的取长补短、优势互补、资源共享以及融合发展提供保障。

(一)组织多元化优势

体教融合的最大优势在于有效地实现资源的整合，简单来说就是集合双方的优势力量，为各项事务的开展提供最大力度的支持，以确保效果最佳。中学足球体教融合的发展，也就是要通过教育系统与体育系统之间的融合发展，形成发展的共识，充分发挥各自优势，实现资源的整合，继而为中学足球教学的发展提供帮助。湛江市作为广东省校园足球的重要试点城市，在中学足球体教融合发展过程中具有组织多元化的优势。因此，体教融合的方式也呈现出多样化的态势，可以共享的资源十分丰富，可以融合的内容也十分丰富。具体的组织单位主要包含四大组织，即广东省足协、湛江市足协、广东省教育厅体育卫生与艺术教育处、湛江市教育局体育卫生与艺术教育科。各组织之间形成合力，凝聚资源，共同为湛江市中学足球体教融合的推进工作提供助力，这也是湛江市中学足球体教融合发展的最大优势。湛江市要科学利用这一优势，加强各组织之间的沟通，以此形成更好的合力，服务于中学足球教学的开展。

（二）教育资源优势

湛江市的教育资源十分丰富，高校不少，且重点中小学也较多，因此云集了大量的科研与教育资源，具有较好的教科研人才队伍资源，同时所涉及的领域也十分广泛，能够为湛江市中学足球体教融合的实施奠定良好的资源基础。一方面，丰富的学校资源能够为体教融合背景下普及中学足球运动提供良好的教育平台，也可以保障“体教共建”模式下中学足球运动队受到系统的教育；另一方面，湛江市优质的教科研资源也能够为体育系统的中学足球后备人才提供不同领域的科研支撑及教育服务，提升体育系统的中学足球人才培养的科学性。上述如此丰富的教育资源，也是中学足球体教融合发展的优势之一。同时，广州体育学院的双重属性，也为体育系统与教育系统双向交流与合作、教育资源与专业资源充分共享提供良好的融合保障。

（三）专业服务优势

中学足球教学活动的开展得益于 2009 年青少年校园足球战略的不断推行，足球发展的重点也转向了有广泛基础的青少年足球。湛江市体育系统与教育系统的协作，能够为中学足球的发展提供支持。同时，巨大的足球专业服务优势也是湛江市中学足球体教融合发展的保障。一方面，湛江市体育系统具有丰富的教练员、裁判员、专家团队以及优秀的退役运动员等人才资源，同时也具备专业的训练及赛事经验，这些都是教育系统发展中学足球的技术支持，也会为教育系统与体育系统的融合提供良好的发展路径；另一方面，湛江市体育系统在拥有丰富的足球资源的同时，对比其他地区也更加重视教育系统的服务。湛江市本土职业足球经历了长期的“空窗期”，同时职业足球主要是由俱乐部运作，所以湛江市体育系统发展的重点也倾向于中学足球方面。专业的技术资源加上人、财、物的投入，能够更好地为中学足球体教融合模式的实施提供一定的支持。

二、劣势分析

相关事件证实，劣势、问题以及不足等并没有严格意义上的区分。因此，湛江市中学足球体教融合实施过程中的不足之处也就是其存在的劣势，是影响体育系统与教育系统融合效果的重要因素。

（一）组织管理存在不完善之处

湛江市中学足球体教融合发展过程中的组织多元是把双刃剑，既有自身的优势，也具备一定的劣势，比如组织多元难以管理与协调，主要表现在两个方面。其一为体育系统方面。湛江市足协与湛江市青少年校园足球工作领导小组办公室是平行关系而不是上下级的关系，因此湛江市中学足球体教融合试点工作过程中两个组织之间可能缺乏默契，各自为政。湛江市足协与校园足球工作领导小组办公室之间的平行关系的特殊性，也使得湛江市中学足球体教融合无法真正地发挥组织的多元优势，进一步影响了其实效性。其二为体教融合的整体层面。由于体育系统与教育系统的职能部门诸多，且各组织部门之间的权责划分不够清晰，故形成了模糊化的问题，同时各个部门之间的沟通协调机制不畅，对于体育系统与教育系统的融合效果也产生了一定的消极影响。之后湛江市需要充分发挥政府主导作用，严格规划各个部门在中学足球体教融合发展中的目标、定位以及职能等，解决职责不清的问题。

（二）存在重心偏颇问题

中学足球体教融合的教学模式，便是让竞技足球回归校园，实质是通过广大的中学生来普及足球运动，继而使竞技足球与中学足球水平不断提升。竞技足球与中学足球应当是齐头并进的关系。所以，中学足球体教融合发展也应当秉承这一理念。但是根据相关调查研究，现阶段湛江市在中学足球体教融合的过程中，呈现出“倒三角”的趋势，也就是教育系统与体育系统对于“精英人才”的培育有共同的合作意愿，且融合较好，但是在中学足球普及层面却存在着重视程度不够、融合积极性不高等问题。究其根本，主要原因在于三个方面。其一是体育系统的本质便是培养“高精尖”的足球后备人才，且多服务于“精英人群”也符合体育系统的性质及定位。其二是教育系统对升学率的追求相对较高，所以对中学足球运动普及工作较为忽视，对于精英人才的培养也相对积极，这样不仅能够为学校争光，而且特长生群体也能够有效地提高升学率。其三是教育系统在中学足球水平提高方面虽然缺乏专业的资源，但是普及层面却有其独立自主的想法，因此双方的融合积极性不高。上述问题都导致了教育系统与体育系统的中学足球体教融合重心存在偏颇，今后教育系统与体育系统的融合应当重视对中学足球运动的普及。

(三)资源利用率低

体育系统与教育系统资源的充分共享是体教融合的重要趋势，也是理想目标。实现系统双方资源充分利用是体教融合的内涵所在，也是体现系统融合效果的重要内容。根据相关调查，湛江市中学足球体教融合推进过程中，由于缺乏专门的针对性的实施细则，优势资源虽然能够有效共享，但是体育系统与教育系统双方的资源利用率却不高。其主要表现为两个方面。其一是湛江市教育资源特别是科研资源十分丰富，能够为体育系统提供不同重要领域的科学研究服务，如运动损伤、指标监测等，但是体育系统对此方面的重视程度不高，资源利用率也不高。其二是湛江市职业足球的发展也使得部分男女足球退役运动员等专业人力资源十分丰富，但是引进校园的机制不够顺畅，同时教育系统未能给予充分的条件与各方面的保障措施等，使得资源被闲置与浪费。

三、机遇分析

(一)优质人才培养需求的推动

伴随着社会与经济的不断发展，我国已经进入高速发展时期，但是体育系统与教育系统的体制改革正处于深水期与攻坚时期，加大改革力度是重要的路径。一方面，对于体育体制改革而言，国家领导人明确指出振兴足球事业是强化体育体制改革的重要组成部分，振兴与繁荣足球事业就需要培养更多的高素质的中学足球人才。如此便可以为体育系统与教育系统的融合达成共识，凝聚更多的力量，不断推进中学足球体教融合战略的实施。另一方面，促使学生全面参与体育运动，加强体育锻炼，提升体质健康状况是教育改革的基础，培养德智体美劳全面发展的“四有”人才是教育改革的重点。目前体育系统与教育系统联合实施的中学足球活动是深化我国教育与体育体制改革的重要切入点，也与“德艺双馨”的中学足球后备人才及教育系统全面发展的“四有”人才培养的需求相匹配。体育系统与教育系统这种交叉的优质人才培养需求对中学足球体教融合发展具有较强的带动作用。

(二)全民运动理念的推动

近年来湛江市的体育发展尤为迅速。2010 年 7 月 3 日至 16 日举办了广东省第十三届运动会，为湛江市体育事业的发展提供了机遇。湛江市政府积极发挥主导作用，在筹备运动会的过程中，体育局与教育厅以承办省运会为契机，达成融合发展共识，并签订了融合战略协议，全面推进体育系统与教育系统的深度融合，以此促进学生健康锻炼与专项训练协调发展，实现学生体质健康与竞技体育发展的新飞跃。足球运动是运动会的重要项目，也是体育强国战略的重点项目。湛江市体教融合发展战略中尤为强调中学足球领域的融合，这也是体育系统与教育系统的深度协作，更是为中学足球体教融合的迅速推进提供了良机。

四、威胁分析

（一）我国长期体教双轨制壁垒较难突破

基于我国长期的体育与教育双轨制并行的壁垒的影响，教育系统与体育系统各司其职、各行其道，过度注重自身的利益发展。如竞技体育制度以竞技成绩为主，教育系统长期以应试教育的文化成绩为主，这逐渐成为体教融合发展的阻碍。新时期体育机制与教育机制逐步实现了深化改革，体育回归教育，而体教融合的大环境也逐渐凸显出来了。在中学足球的发展过程中，教育系统与体育系统本应当通力合作，实现有机融合、人才共育等，利用体教融合的优势最终促进体育系统与教育系统的共同发展，但是由于我国体育系统与教育系统长期存在行政分化与各自为政的发展问题，无法有效地突出重围，做好融合工作，制约着两个系统的融合效果。与此同时，中学足球教学作为教育系统与体育系统融合发展的重要内容，在推进过程中，教育系统与体育系统还是以自身的利益诉求为主，对于中学生自身的素养发展有所忽视。但是要想突破长期各自为战的壁垒，并不是一朝一夕的事，需要教育系统与体育系统经过长时间的磨合与实践经验积累。因此这也是中学足球体教融合迅速发展的过程中最为主要的威胁。

（二）其他体育项目瓜分体教融合红利

伴随着体育教学改革的不断推进，体教融合的大环境也不断成熟，足球领域体教融合产物——中学足球已经取得了相应的成效。体教融合的优势逐步显现，其他体育运动项目也会借助体教融合的大环境，谋求长远的发展。现今，篮球领域同样深刻认识到体育回归教育的重要性，与足球体教融合的实施形成了一定的竞争。此前篮球协会（简称篮协）与教育部学生体育协会签署了战略合作备忘录，教育系统与体育系统在各个方面实现深度融合，篮球领域的体教融合发展十分迅速。姚明曾指出，体教融合的改革不应当是将“1”变成“2”，而是应当实现“1+1>2”。如今，篮协已经与清华大学达成人才培养共识，获得了良好的成效。查阅相关资料可以看出，体教融合已经在诸多体育项目中推进，如武术、排球等体育项目，体教融合的发展态势逐渐形成，在各个领域都发挥着重要的作用。虽然中学足球体教融合已经形成了中学足球的试点地区，但是还处于起点阶段。基于体教融合这一国家层面的宏观战略高度，其融合发展的红利也愈发明显，体育系统与教育系统不仅仅是针对中学足球领域达成的融合共识与协作力量，其他体育运动项目的参与，也会在体教融合方面形成一定的瓜分趋势，对中学足球体教融合的实施形成一定的竞争。

五、SWOT 矩阵构造

由 SWOT 矩阵(图 4-5)可以看出，现阶段中学足球体教融合发展的优劣势是并存的，同时机遇与挑战也是相互制约的。这就需要为未来中学足球体教融合的发展做好审时度势的准备。依据 SWOT 模型，各个象限所代表的是不同的矩阵战略，包括增长型战略(SO)、扭转型战略(WO)、转移型战略(ST)、防御型战略(WT)四种。湛江市在今后的发展过程中，需要依据自身的实际发展情况，因地制宜地选择符合自身实际的发展战略，抓紧国家及广东省体教融合的发展机会，科学运用自身的优势及机遇，最大限度地缩小劣势及威胁，促进中学足球体教融合的长远可持续发展。

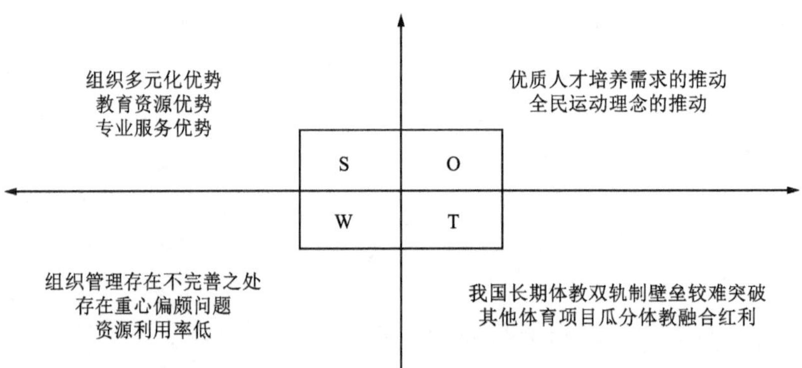

图 4-5　中学足球体教融合的 SWOT 矩阵分析

六、基于 SWOT 分析的改进策略

本书通过 SWOT 分析模型研究了湛江市中学足球体教融合的内在优势及不足、外部机遇及挑战，认为湛江市应当紧紧抓住重点，充分发挥优势，避开

劣势问题，抓住机遇，化解威胁，按照上述思路，构建增长型与防御型的中学足球体教融合发展战略。

首先，充分发挥其优势及机遇，构建增长型中学足球体教融合战略。在实施的过程中具体可以从以下三个方面着手进行。其一是通过政府干预，将体育系统与教育系统在中学足球发展中的优势进行有效整合，并且积极建设湛江市各县(区)的中小学足球特色学校，继而拓宽其优势的辐射范围，促进体教融合的普及化。其二是湛江市体育系统与教育系统应当抓住国家现行的对中学足球的高度重视及湛江市签订的融合战略的机遇，形成长效融合机制，将中学足球活动作为湛江市中学体育发展的重要试点内容。

其次，积极规避劣势及威胁，构建防御型的中学足球体教融合发展战略。根据 SWOT 的分析结果，湛江市未来的发展过程中应当做好以下两方面的工作。第一，政府应积极统筹体育职能部门与教育职能部门召开常态化的中学足球洽谈会，从而引导教育系统与体育系统认真审视中学足球的内涵、价值功能及目标取向等，明确教育系统与体育系统等的职责及优劣势等，继而形成稳定的、明确的、有效的体教融合机制。第二，针对体育运动项目的多样性特征，以及不同项目对于中学足球体教融合红利的分享等，湛江市足协应当积极与教育职能部门达成协作发展共识，加快体教融合发展的步伐，拓宽体教融合的发展范围。

第五节　湛江市中学足球体教融合的实施建议

根据对现阶段湛江市中学足球体教融合实践状况及存在的问题的分析，以及足球领域的相关专家、湛江市体育系统与教育系统相关领导层对今后中学足球教学体教融合模式的发展及优化的建议，本书提出以下针对性的发展建议。

一、完善相关政策法规体系

政策法规作为权威性的指导文件，对于规范某一历史时期应该实现的目标、任务、实践方式以及步骤等发挥着重要的作用，同时政策法规也起到了统筹全局的作用，因此政策法规的建设尤为重要。政策法规要充分落实相关内容的各个环节，力争做到有针对性与普适性，并针对出现的问题不断进行完善。中学足球体教融合涉及教育系统与体育系统两大系统的自我改造，应当在不影响这两大系统各自发展目标及利益的基础上推进体教融合的实施，促使二者能够形成良好的共生关系。因此需要建立完善且明确的政策法规，规范与指导体教融合实践。中学足球体教融合目前正处于初步发展时期，无论是国家战略层面还是地方政府层面都还未形成完善的且系统的政策法规配套指引实践工作，所以强化顶层设计是关键。一方面，在国家战略层面，应当建立健全中学足球体教融合的健康发展政策，为地方体育系统与教育系统在中学足球领域实现共享、共赢以及共生等提供保障，使其明确发展方向，确立发展目标，落实发展措施等；另一方面，湛江市政府应当积极发挥其主导优势，在国家政策与广东省体教融合发展政策及地方行政政策的基础上，研究制定符合湛江市中学足球体教融合发展的法规条例及具体的实施细则，对中学足球发展中的具体融合形式进行明确的法律规定，保障其实践的效果。同时，湛江市相关政策的研究制定，应当由省、市各级体育部门与教育部门共同参与与协商，形成具备导向性的指导意见及政策措施，为湛江市中学足球体教融合的实践落实提供明确的政策保障。本书基于文献及相关实践经验总结，认为中学足球体教融合模式的相关政策法规的构建与完善应当做好两方面的工作：其一是构建由国家至地方自上而下的完善的政策法规体系，同时不断强化上层与基层政策之间的有效衔接，以此形成更加合理的政策；其二是应当制定明确的具体的实施细则，以此更好地指导实践。

二、加强体育系统与教育系统间的协作

体育系统与教育系统是促进中学足球健康发展的两大支撑力量。因此在不断推进青少年中学足球普及、发挥教育功能，以及培养足球后备人才、提升运动水平等方面，都需要双方统一思想，消除壁垒，建立良好的合作机制，凝聚力量，充分落实体教融合的具体方案。湛江市中学足球体教融合在协同发展的过程中还存在思想认识不统一、发展目标不一致以及利益冲突多等问题，使得教育系统与体育系统之间的合作受到一定的阻碍。首先，湛江市体育系统与教育系统应当规避领域保护的思想，减少利益冲突等矛盾的发生。教育系统与体育系统应当具有大局观意识，达成融合共识，掌握好中学足球发展战略的推行目标，厘清体育系统与教育系统分别在中学足球发展中的优势及不足，实现资源的优势共享，有效推进教育系统与体育系统的协作，消除部门之间的体制壁垒，共同促进教育系统与体育系统的良好合作与融合发展。其次，湛江市体育系统与教育系统融合发展中学足球的过程中，应当充分借鉴国际组织之间交流合作的模式，也就是运用签订合作协议的方式，以此来约束双方的合作行为，保障合作的效力。所以，在具体的实践中，湛江市体育系统与教育系统应当达成融合共识，签署相应的合作协议，并具体规范与约束教育系统与体育系统在中学校园足球赛事、师资队伍建设等方面的行为，确保教育系统与体育系统间能够职权互融、职权互动等，确保双方长远合作，构建长效性的官方融合关系。与此同时，湛江市体育系统与教育系统之间应当构建阶段会商制度，定期对中学足球推进过程中的相关事务进行协商，强化教育系统与体育系统组织之间的官方沟通与交流。在此基础上，由教育系统与体育系统的组织部门、业务单位进行有效衔接，调整与部署双方在下一阶段的相关活动以及赛事安排等合作事宜；同时应当构建常态化的联动机制，包含信息共享、人员共享、场地共享机制，激励保障机制以及督查评估机制等，充分体现体育系统与教育系统双方信息即时共享、资源及时互动的优势，实时促进教育系统与体育系统双方在中学足球推进过程中齐心协力，齐抓共管。最后，青少年校园足球工作领导小组由教育与体育两个系统各自推荐的专家委员联合组成，对协调各方力量、合力促进中学足球发展具有重要作用。因此，湛江市今后应当不断完善青少年校园足球工作领导小组的组织构建，明确相关的责任，真正发挥其积极效益，同时充分发挥领导小组办公室在中学足球体教融合中组织融合的功能及价值。继而，在实操层面建议教育系统与体育系统在今后的协作过程中紧紧抓住中学足球推进过程中的主次矛盾，摒弃传统的精英培养及应试教育的理念，共同做好融合

工作，不断推动湛江市中学足球体教融合的持续性发展及长效性发展。对此，应当以两个方面作为切入点。其一，正确认识中学足球的内涵，通过共同建设足球文化氛围，创新足球师资队伍建设，广泛推进中学足球活动的普及，培养更多的足球专项中学生。其二，应当在普及的基础上，运用体教融合的方式或者一体化训练及升学模式以及教育系统教科研的优势等，不断培育文化水平及专业技能双优的中学足球后备人才。

三、加大体教融合的普及力度

(一) 加大文化活动层面的体教融合力度

湛江市体育系统与教育系统虽然共同组织了足球明星与足球专家进校园的文化活动，激发了学生对足球的积极性，培养了学生对足球的兴趣，但是在建设中学校园足球文化活动的过程中，还存在融合力度不够、无法惠及更多学校、成果推广面狭窄等问题。因此湛江市体育系统与教育系统在中学足球文化活动建设方面需要构建完善的长效合作机制，丰富体育系统与教育系统在校园文化活动方面的融合形式。湛江市教育系统应当充分利用体育系统不同领域的行业服务优势，不断丰富足球文化活动的类型。在具体的实践过程中可以从以下几个方面开展。第一，体育系统定期委派足球明星、优秀教练员、专家团队以及退役运动员等专业技术人员走进校园，为学生讲述自身的足球训练经历，指导学生开展足球基本技能的练习，为学生演练专业的足球技战术等，以此形成良好的中学足球文化氛围。第二，体育系统与教育系统共同举办不同形式的中学足球文化活动，包括中学足球文化节、中学足球友谊赛、青训足球运动队走进校园等活动。其中在文化节的活动上可以评选最佳射手或者最佳点球王等，以此激发学生参与的积极性。第三，体育系统举办的高水平青少年足球赛事，包括省体育局主办的青少年足球锦标赛与青少年 U 系列足球联赛等专业赛事，可以通过政府购买或者体育系统免费派发门票的方式鼓励中学生观看赛事；同时也可以为中学生提供相应的志愿者岗位，以此让更多的中学生亲临现场体验专业足球赛事的氛围。上述通过体育系统与教育系统合作吸引中学生参与的赛事活动，能够有效地实现足球运动的普及。同时，在体育系统与教育系统合力丰富中学足球文化活动的基础上，也需要不断构建官方化与常态化的合作模式，形成广泛性、普及性以及常态性的融合模式。

(二)优化足球师资队伍建设模式

体育系统在解决中学足球师资问题方面拥有更加专业的优势。体育系统的专业技术人才(如教练员、专家、退役运动员等)能够为教育系统提供专业的服务，他们可以走进校园为中学生进行专业的指导。同时也能够为教育系统提供间接的服务，协助教育系统共同培养中学足球师资团队。虽然现阶段湛江市体育系统为教育系统提供了一定专业技术人员资源支持，同时也积极帮助学校培养专业足球师资力量，但是在具体实践中还存在服务渠道不畅通、师资培养体系不够完善的问题，限制了双方的合作及师资力量的培养效率。因此，湛江市教育系统与体育系统之间应当加大融合力度，畅通资源服务渠道，积极优化师资培养体系，继而充分发挥体育系统专业资源优势。具体而言，可以从以下两个方面着手开展融合工作。

首先，完善体育系统专业技术人才走进中学校园的机制。针对湛江市体育系统专业技术人员进校园渠道不畅通的问题，湛江市体育系统与教育系统应当强化双方的沟通，完善体育系统专业技术人员的资源共享机制。一方面，应当共同构建科学的足球师资力量流动机制。教育系统应当积极引进体育系统专业的教练员、专家团队等人才资源，教练员为中学生在足球方面提供专业的技术指导，专家团队则可以为中学足球教学任务设置科学的教学规划。并且，体育系统还可以充分借鉴日本的教练员服务机制，每名职业教练员都有义务有责任教会一万名儿童踢足球，这也作为教练员级别提升的重要评价指标。通过上述方式可以为湛江市体育系统制定完善的人才进校园机制。同时也可以制定教练员与专家等进校园的轮换制度，每年至少服务十所学校，且需要服务学校里的普通学生。另一方面，畅通退役运动员转岗进校园的渠道。体育系统的足球退役运动员现阶段所面临的困境主要有就业难与转岗难的问题，同时教育系统也存在足球教师资源短缺的问题。基于此，湛江市体育系统可以协助足球退役运动员转岗走进校园，担任足球教师。教育系统也需要关注这部分退役运动员的价值发挥，将这部分人员纳入中学足球师资队伍建设计划，运用岗前培训方式使其转岗担任中学足球教师，并且给予其正式的事业单位编制，确保足球退役运动员工作的长期性及稳定性。除此之外，构建足球师资信息的共享机制也是十分重要的，能够有效地促进教育系统与体育系统的足球师资力量的共享。通过网络数据平台将湛江市各级各类学校足球师资与体育系统的教练员资源进行匹配，并由湛江市体育系统与教育系统统筹调配管理，评估各个区域内学校足球师资的饱和状态，继而实现资源的合理配置，提升足球教师分配的合理性。

其次，完善体教融合中学足球师资培训体系。近年来，虽然湛江市体育系统与教育系统共同构建了中学足球师资队伍，中学足球师资培训体系也呈现出不断完善的态势，师资培训质量及效率等都获得了明显的提高，但是在此过程中还存在着诸多的突出问题，主要为参训教师返岗之后的长期胜任力问题制约了师资队伍培训的实际效果。针对上述问题，湛江市教育系统与体育系统首要的任务是联合制定培训返岗追踪机制，成立专业的教师追踪评估机构，对培训返岗工作一年以上的教师开展胜任力教学评估，并将评估结果分别反馈给体育系统与教育系统。同时教育系统与体育系统需要联合制定中小学足球师资队伍的继续教育或者二次培训制度，依据评估的结果，统筹培训返岗之后胜任力不足的教师的再次培训；依托体育院校及高校体育院系，比如师范大学的体育学院或者体育类院校等，与其达成长期合作的关系，充分利用高校足球专家与教授资源以及足球师资培训经验，严格审查培训情况，确保培训的质量。这样既能够有效地促进教育系统与体育系统之间的深度融合，也能够确保体教融合培养中学足球师资的时效性及效率性。

（三）推进公益普及性赛事活动进程

现阶段湛江市体育系统与教育系统所办的赛事活动大多是中学校园足球赛、中学足球夏令营活动等，这些赛事和活动虽然能够有效地促进中学足球运动的普及，也能够提升学生的参与积极性，但是参与者更多的是一些足球基础良好的学生，在公益普及性及广泛性方面效果不佳，普通学生的参与门槛较高。针对公益普及性赛事，湛江市体育系统与教育系统几乎很少有较好的合作，因此湛江市体育系统与教育系统今后应当重视中学生校园足球公益普及性赛事活动。首先，体育系统与教育系统应当积极转变发展思想，改变传统的优质精英选拔的意识及为校争光的培育理念，树立全员参与与逐步提升的理念，达成良好的合作共识。将体教融合的优势以公益性质惠及更多的中学生，在学生参与度较高的区域、校际以及班级间开展联赛，形成公益普及性校园足球赛事活动，共同为广大中学生群体提供服务。其次，在开展赛事活动的过程中，针对区域性的赛事，湛江市体育系统与教育系统应当建立共商共办机制，实现体育系统的专业资源优势共享，不断提升赛事的科学性，激发学生参与赛事的热情，培养学生的学习兴趣，同时也为培养更多的中学生足球运动员奠定良好的基础。由于湛江市足球特色学校较多，相关的基层校园足球赛事活动也相对较多，体育系统不可能完全覆盖性地为校际与班级间的比赛提供专业的资源支持，但是针对此类型的赛事活动，体育系统可以应用轮流制的方式将资金、设施等资源逐步辐射进更多的学校中。除此之外，体育系统也可以通过定期组织专业中学生运动队进校园与普通中学生进行互动交流的方式，或者踢友谊赛的方式，展示专业的足球技战术，使同龄的青少年之间产生兴趣与话题，继而激发中学生对足球运动的热爱。

四、构建体教融合人才集聚培养体系

体教融合人才集聚培养体系中最为成功的方案之一便是 2012 年上海市教育委员会与体育局联合构建的“一条龙”式培养体系，覆盖了大、中、小学阶段的所有学生。该模式是将体育系统与教育系统之间的资源进行充分整合，并且使大学、中学以及小学的优势资源实现共享，这是一种横向与纵向交叉的融合机制，既能够为上海市青少年校园足球体教融合的实施奠定良好的基础，也能够为全国各地青少年校园足球“一条龙”式共建培养机制构建起到良好的示范作用。上海市的成功范例可以为解决湛江市青少年校园足球“一条龙”式体教融合人才培养红利辐射面窄的问题提供新的思路。湛江市体育系统与教育系统可以积极参考上海市“一条龙”式培养体系的优势，逐步构建基本覆盖湛江市的大学、中学以及小学的“一条龙”式体教融合的人才培养机制，形成集聚与辐射效应。基于湛江市现有的体教融合人才培养机制，将线性构建机制扩展为覆盖范围更大的面上共建机制，集合各类大学的体育学院及专业体育院校、高中、初中以及小学构建“一条龙”式培养模式(图 4-6)。

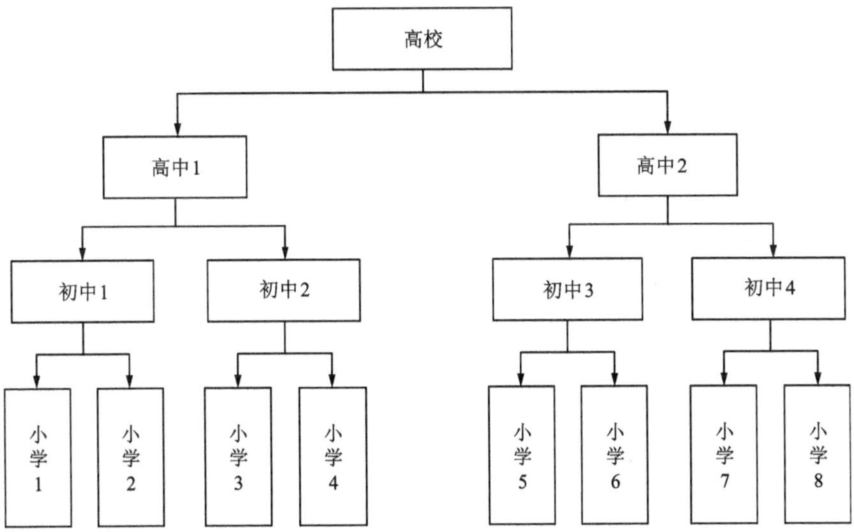

图 4-6　湛江市中学足球“一条龙”式培养模式布局情况

基于湛江市中学足球“一条龙”式培养模式的布局，湛江市体育系统与教育系统应当共同选取湛江市各县(区)足球基础较好的足球特色学校，首先构建“一条龙”式培养模式的试点机制，将现有的一对一式“一条龙”培养模式转变为一对多的培养模式，以此扩大该模式的覆盖范围，使更多的学校受益。在具体的实践过程中，在横向层面上，体育系统与教育系统应当充分交流与沟通，形成良好的合作培养共识，并且签订相关协议。体育系统充分为教育系统提供专业的资源、技术以及行业支持等，教育系统为体育系统的运动员们提供教育资源与升学通道，双方互惠互利。在纵向层面上，将湛江市各个区域的大学、高中、初中以及小学等进行整合，利用高校来带动中学足球的发展，各个学段的学校之间也建立良好的互动机制，将中学足球的各项活动开展有序衔接，实现各项资源的充分利用，输送优秀的足球后备人才等，促进各个学段的学校之间的良好互动与交流。继而实现纵横连接的完善的“一条龙”式的体教融合人才培养模式，通过创新连带效应不断推进中学足球普及活动，实现公益普及性足球运动与英才培养式足球运动的共同开展。另外，在升学机制与人才输送方面，学校所属的县(区)教育职能部门与体育职能部门也应当签订对口共建协议。一方面，明确各个学段的学校之间应当构建升学机制，将“一条龙”式升学机制制度化，也就是高学段的学校针对低学段的学校应当打通升学渠道，小升初、初升高以及高升大的各个阶段都应当提供相应的升学保障。比如，小升初阶段学生通过一定的技能测试与考试优先进入对接的初中，以此类推，实现初升高、高升大的有效循环，确保足球人才培养的连贯性及延续性。另一方面，应当畅通人才输送机制，也就是完成九年义务教育的优质中学足球人才可以输送至体育系统中，促使其接受专业的技术训练及足球技术、战术培养，并且学籍转到上述“一条龙”式培养模式所关联的高中，实现文化教育与专业训练的有力衔接。如此，便能够通过体育系统与教育系统之间的横向互动实现权责互动与优质资源共享，同时使纵向的教育系统各个学段的学校相互对接、帮扶以及支撑，形成集聚、辐射作用。湛江市各个区域的中学足球“一条龙”式培养模式，是凝聚湛江市体育系统与教育系统优势的关键路径，也是实现中学足球普及与提升齐抓共管水平的重要方式之一。

五、加快构建足球赛事融合机制

为了不断加强中学足球普及与后备人才培养，湛江市教育系统与体育系统都举办了中学足球赛事活动。但是现阶段湛江市体育系统与教育系统的融合渠道还不通畅，所以湛江市教育系统与体育系统应当积极加快构建足球赛事融合机制，具体包括以下几个方面。

第一，协调沟通机制。教育系统与体育系统之间应当构建有效的协调沟通机制，确保体育系统与教育系统之间可以及时地沟通与协调中学足球的相关赛事情况，避免出现赛事冲突问题。

第二，赛事共办与协商机制。在足球赛事举办与组织上，体育系统要比教育系统的专业性更强，所以教育系统需要与体育系统签订相应的融合发展协议，在赛程与赛制等方面双方协商。

第三，资源共享机制。主要有专业技术人才、资金以及场地设施等方面的资源。体育系统的专业裁判员、赛事专家为教育系统的赛事服务，并且教育系统的高水平青少年足球赛事活动也需要获得体育系统的场地支持与资金支持。同时，教育系统的场地资源应当放开，免费供体育系统举办的中学足球赛事使用，这样不仅能够促使场地资源的利用更加充分，也能够营造良好中学足球氛围。

第四，赛事联动及人才输送机制。构建体育系统与教育系统赛事联动机制与相互衔接的人才输送渠道。首先，体育系统应当创设良好的条件，将湛江市中学足球赛事选拔出的技术强、素养高的中学足球精英人才纳入省队选拔与国家队选拔。同时，教育系统也应当积极开放相关的参赛权限，也就是省、市注册的足球青少年运动员可以通过限定条件适当参与中学足球赛事活动。其次，需要畅通人才输送渠道，各级体育部门与教育部门应当积极形成自下而上的校、区、市、省及全国人才选拔与输送机制。

第五，运动员注册共享机制。省、市足协共同完善运动员注册管理系统，构建运动员注册共享机制，以此规范教育系统与体育系统运动员的科学流动及赛事参与。通过体育系统与教育系统之间构建的赛事融合机制，有效促进中学足球竞赛体系及人才科学培养机制的完善。

六、推动体育系统引进教育系统的教科研资源服务

优质的教科研资源是体育系统中学足球人才培养方面较为缺乏的。如果一方资源充裕而另一方有所欠缺，便可以实现双方之间的取长补短、资源互补，这也是中学足球体教融合的本质要求。现阶段，湛江市教育系统的教科研资源优势并未真正地被体育系统利用，还存在着教科研资源服务形式单一且利用率不高的问题。为了解决上述问题，需要教育系统与体育系统进一步优化资源供给与利用渠道，充分为体育系统发挥服务作用。

第一，应当加快完善资源服务机制。湛江市体育系统应当重视教育系统的

教科研资源，教育系统应当充分发挥资源优势为体育系统提供相应的服务，教育系统与体育系统之间构建良好的协作机制，畅通资源服务渠道。在具体落实方面，省、市足协具有教科研资源服务需求，可与各高校及中小学达成官方交流合作，形成良好的供需互动的关系。

第二，积极探索多元化的资源服务形式，拓展资源的利用面。首先是教育资源供给层面。省、市足协要有“请进来”的意识，引进高校及中小学的教育专家及骨干教师等针对中学足球运动举办系列讲座及教育讲堂；也可以“走出去”，带领中学足球运动员走出校园，其中需要不断突出强化对中小学校优质教育资源的充分利用。比如湛江市名校系列，即湛江市目前各个学段的拔尖学校，无论是教育水平方面还是骨干教师资源方面都有着较高的水平，体育系统可以与其达成相应的协议，获得优质的教育服务。其次，科研资源供给方面，也可以实施“请进来”与“走出去”的方案，将相关测试指标等数据交给高校专家团队分析或者直接邀请科研专家走进省、市足协直观开展分析与评估工作，同时，省、市足协每年的比赛数据都可以交给高校体育学院足球专项的研究团队开展数据分析。

第三，建立专门的科研中心。这样既能够为体育系统的中学人才培养提供相应的科研服务，也能够为中学校园足球的推广建立完善的科研体系。湛江市拥有优质的高校科研资源，各高校无论在心理教育还是在科技教育、医疗教育等方面都具有较为完善的科研体系及优质的科研专家及团队资源，可以建立科研中心，为中学足球运动队提供更加广泛的科研服务，以此提升教育系统的教科研资源的利用效率。

总而言之，运用教科研资源服务通道，能够通过多元化的资源供给方式拓宽资源利用的服务范围，以此促进不同领域的教育与科研资源服务于体育系统中，继而提升教育资源的利用效率，促进教育系统与体育系统的充分共享，并积极作用于中学足球人才培养工作。

七、加快建立体教融合监管体系

增强监督管理是确保执行力的关键方式，尤其是中学足球体教融合涉及两个领域，更需要建设完善的监管机制，对教育系统与体育系统在合作实践中的行为进行监督。湛江市中学足球体教融合监管体系的构建是十分迫切及必要的。“监管”一词被学术界解读为具备法律地位的相对独立的政府机构或者经过授权的社会组织，按照一定的法律规范，针对市场配置机制或者企业与消费者的供需决策实施干预的重要的行政管理与监督行为。从监管的概念与实践的基础上进行分析，新时期湛江市构建中学足球体教融合监管体系可以通过政府干预并授权的模式，设置专门的监督协调机构，如督查委员会等。该机构应具备较高的权威性，且级别要比湛江市相关体育职能部门与教育职能部门要高，作为更高一级的组织机构对体育系统与教育系统关于中学足球体教融合方式及融合行为等进行监督。监管机构成立之后，需要设置完善的监管机制。其一是监管机构应当构建高素质的监督队伍，人员应当是由政府选派或者以公开公正选举的方式产生，具备刚正廉洁的品质，对体育系统与教育系统职能分工等进行监督，并且监督其层层落实的情况。其二是监管机构应当明确考核监督的内容及标准，此项工作应当由湛江市人民政府主导，由体育系统与教育系统的高层管理人员共同商议，确保监督工作的科学有效性及可操作性。其三是监管机构应当构建良好的反馈机制，一方面需要向湛江市人民政府进行反馈，作为宏观管控与评估体教融合情况的重要依据；另一方面也要积极向体育系统与教育系统进行反馈，帮助双方寻找合作过程中存在的不足之处并改进。

八、加强政府主导的公共服务对体教融合的助力

中学足球体教融合发展过程中涉及体育与教育两大领域怎样更好地达成融合共识、协同合作继而促进中学足球发展的问题，除了需要教育系统与体育系统管理层依据自身的优势达成合作意向，也需要充分地发挥政府的主导作用，以此来有效地促进教育系统与体育系统的合作。所以，湛江市要进一步强化中学校园足球体教融合的深度，政府是关键力量。强化政府购买服务管理，建设中学足球公共服务是有效的推动力，能保障湛江市中学足球体教融合的稳步增长与长效推进。首先，政府作为引导的关键力量，应当充分发挥统筹全局的主导作用，制定明确的中学足球体教融合政策体系，且政策的制定应当站在保障体育系统与教育系统利益的契合点，更好地为中学足球体教融合的有效实施提供明确的方向，以此避免教育系统与体育系统在实践合作中出现结构性矛盾。其次，政府应当积极发挥其顶层约束作用，规范与约束体育系统与教育系统在中学足球发展中的合作行为。同时政府也应当加强中学体育公共服务建设，中学足球体教融合的推进与中学体育公共服务的支持息息相关。湛江市应当通过直接供给或者购买的方式推进公共服务工作，为体育系统与教育系统的融合发展清除障碍。在具体的实践过程中，政府可以运用行政方式为中学校园足球提供直接或者间接的服务。其中，直接服务包含政府自身资源支持，间接服务包括与社会组织合作购买公共产品的服务等。政府可以在相关资源比如资金、场地和设施等的准入方面提供公益性服务，为中学足球体教融合发展提供强有力

的保障。除此之外，政府也应当积极发挥强制性职能，促进中学足球体教融合发展，实现职能化、福利化和均衡化的发展。基于体育公共服务的公益性与均衡性以及公共服务的表现形式，由政府发挥强制力作用规范教育系统与体育系统在中学足球体教融合中的行为，并将其上升至智能化的高度。其中相关的融合机制主要包含五个方面的融合，即信息融合、组织融合、制度融合、资源融合和机制融合。

第五章　基于体教融合的中学足球实战情境教学个案研究

第一节　个案研究对象、目标及方法

一、研究对象与目标

本书的研究对象是基于实战情境的湛江市中学足球体教融合教学，实验对象是湛江市第七中学、湛江市第二中学学生，共计 100 人。

本书研究的目标主要有以下几个。第一，提升学生的身体健康水平，发挥体育的育人价值。中学是学生提升足球技能水平和培养价值观的关键阶段。湛江市两所中学始终坚持结合学生个性特长促进学生的全面发展。通过开展丰富多彩的体育文化活动，学校不再是枯燥与被动地接受学习的地方，而是丰富师生精神文化生活的家园。通过不断锻炼，能够充分地挖掘学生的体能潜能，帮助学生养成积极乐观的生活态度，引导学生学会做人，成为有良知、有责任和有益于社会发展的人。第二，普及体育锻炼，增强竞技体育后备力量。湛江市的校园足球试点学校较多，且广东省运动会也曾在湛江市召开，这说明湛江市对于体育运动的重视度较高。这两所中学每年都会举办学生文体活动，创新学校文体生活，促使学生能够充分地展示自己的才华并通过体育锻炼来提升自己的参与意识及竞技水平。学校努力增大参与体育运动的人口基数，以点带面，利用普及来促进提升，不断发现竞技体育精英人才，打通体育特长生的升学途径，培养优质的竞技体育后备人才。第三，促进学生文化学习与体育锻炼的协调发展。这也是最为根本的目标。深入推进素质教育，应当充分明确教育的核心是促进学生全面发展，包括学生的情感能力、思维能力、身心健康能力、道德能力等多方面。基于此，学校要以体育锻炼为重要方式，以培养杰出的社会人为目标，在中学阶段树立终身体育意识，不断促进学生的发展，获得幸福的生活。

二、研究方法

（一）文献资料法

通过中国知网搜索关于“体教融合”相关文献，共计 900 余篇，搜索关于“实战足球教学”相关文献，共计 15 篇。阅读相关文献，了解体教融合背景下基于实战情境的中学足球教学的研究现状及取得的主要成果，并将部分研究成果作为本书的重要参考，学习和借鉴其中的研究内容，为本书的写作奠定基础。

（二）对比实验法

为了验证实战情境教学法的有效性，将湛江市第七中学、湛江市第二中学各 50 名学生分为两组，即实验组与对照组，在分组之前对学生足球基础进行测试，保证每组学生处于相同水平。实验组采取实战情境的教学方式，即鼓励学生参加实战比赛，在比赛过程中给予详尽指导，并总结实战比赛经验；对照组采取传统训练教学，即足球理论教学与日常训练相结合的方法。通过为期 60 天的教学，对学生足球体质、足球运动兴趣、足球技术、足球规则意识这四个要素进行对比，验证实战情境教学法的有效性，也从中总结实战情境教学法的不足，并提供持续优化策略。

（三）数理统计法

利用 Excle 对实验数据信息进行整理、汇总，用于分析实验组与对照组之间的差异性，以客观、真实的测试数据呈现实战情境教学法对学生足球体质、足球运动兴趣、足球技术、足球规则意识的有效提升，从而肯定实战情境教学法对中学足球教学的有效性。

第二节　个案研究重难点和创新点

本节研究首先要明确基于实战情境的教学目标设计。21 世纪以来，体育界启动了第八次基础教育课程改革，经过 20 多年的发展，已经明确了目标引领内容的重要原则。本节的相关研究也是在此原则的基础上开展的，将教学目标设计作为提升学生实战能力的基础，以培养学生乐于学习的态度，帮助学生初步掌握简单的足球技战术组合知识，培养学生相互配合的合作意识，提升学生参与运动的积极性，培养学生的团队合作能力及拼搏进取精神，促使学生提升体能、足球技能与实战水平，继而拥有良好的足球专项运动能力。基于实战情境的中学足球教学目标设计出发点是实战——学生通过实战练习来掌握知识，且落脚点也是实战，以此培养学生的足球专项运动能力，促使学生更好地参与足球实战比赛。

本书研究的重点在于三个方面：其一是对实战情境教学法概念进行解读，对其基本结构及理论基础进行分析。其二是依据实战情境教学法的基础研究设计有效的训练方式。其三是依据实验之后的数据分析检验学生的运控球能力是否有所提升。

本书研究的难点在于三个方面：其一，实验性研究设计的训练方法的有效性、针对性和科学性。其二，实验过程中对变量的控制，比如天气的影响等。其三，从实验获得的数据中分析出影响实验结果及练习效果的因素。

本书研究的创新点在于以往的情境教学法研究主要集中于语文、英语等学科教学。实战情境教学法在体育与健康课程中的运用情况的研究较少，尤其是中学足球专项领域，且多数关于中学足球实战情境教学法的研究主要集中在理论层面，实战层面的研究较少。本书正是基于实战情境教学法设计实验对象年龄段的教学方案及测试方法，利用实验的方式来验证足球实战情境教学法对于中学生的影响。

第三节　个案研究过程

一、实验目标

针对基于实战情境的中学足球教学开展对比实验，主要目的是验证实战情境教学法相比传统训练教学法的有效性，验证其是否更能够激发学生参与足球运动的兴趣，是否让学生在技术动作、战术组合方面掌握得更加扎实并形成良好的足球道德品质。倘若能够通过对比实验的方式，验证实战情境教学法更有利于提升学生足球体质、足球运动兴趣、足球技术、足球规则意识，那么在日后中学足球教学中，就应该采取实战情境教学法。

二、实验设计

本次实验选取湛江市第七中学、湛江市第二中学各 50 名学生，这 100 名学生均参与本校足球课程。将湛江市第七中学 50 名学生划分成两组，对照组 25 人、实验组 25 人；同样，也将湛江市第二中学 50 名学生划分成两组，对照组 25 人、实验组 25 人。在对实验组与对照组成员进行划分时，会根据学生实验前足球体质、足球运动兴趣、足球技术、足球规则意识的差异进行平均划分，确保两组成员在实验前处于相同水平，具体实验前测试结果将在实验结果中予以展示。此外，选取两所学校开展相同实验的目的，是利用重复性实验，保证实验结果具有公正性。

在合理划分小组之后，分别进行为期 8 周的足球教学工作，其中实验组采取实战情境教学法，对照组采取传统训练教学法，两个小组课时数量、课时频率相同，但根据教学方法的不同，它们在具体教学内容上存在差异，具体如表 5-1 所示。

表 5-1　实验组与对照组足球教学内容对比

时间	实验组	对照组
第一周	接力比赛、趣味比赛、传抢球比赛	热身练习、踩球练习、扣球练习
第二周	绕杆计时比赛、球感组合技巧比赛	运球练习、盘带练习、球感练习
第三周	小范围比赛、小场地比赛、抢球比赛	球感练习、小场地比赛

续表 5-1

时间	实验组	对照组
第四周	射门比赛、定点传球比赛	传球练习、射门练习
第五周	射门比赛、定点传球比赛	脚内侧运球练习、扣球变向练习、转身练习
第六周	小场地比赛、“8”字运球比赛	敏捷梯练习、三角传接球练习、“8”字运球练习
第七周	一对一比赛、二对二比赛、三对三比赛	假动作练习、小场地比赛
第八周	小范围比赛、校际比赛、市级比赛	队内比赛

可以看到，在为期 8 周的实验时间里，实验组与对照组足球教学内容存在差异，实验组更倾向于以比赛的方式开展训练，而对照组延续传统的训练教学，双方都依照要求完成足球训练内容，并对球员足球教学成果进行检验。

三、实验结果

(一)学生足球体质差异

学生足球体质是足球运动的关键。拥有良好的足球体质，不仅能够增强足球运动中的对抗性，也能提高足球运动时的体能。一般来看，足球体质评价主要基于肺活量、50 米跑、坐位体前屈、仰卧起坐、跳绳等常规项目。

在开展实验之前，对湛江市第七中学、湛江市第二中学实验组与对照组学生进行体质测试，结果如表 5-2 所示。

表 5-2　实验前学生体质测试结果(N=100)

指标	实验组(M±SD)	对照组(M+SD)	t	P
肺活量/mL	1865. 62±160. 21	1812. 89±148. 35	0. 715	0. 423
50 米跑/s	9. 38±0. 60	9. 68±0. 72	0. 017	0. 329
坐位体前屈/cm	14. 12±3. 14	14. 01±3. 22	0. 254	0. 358
仰卧起坐/次	45. 21±8. 64	44. 85±9. 01	0. 257	0. 716
跳绳/个	69. 22±15. 39	69. 47±16. 11	−0. 931	0. 179

测试结果显示，湛江市第七中学、湛江市第二中学实验组与对照组学生在开展实验之前，两组学生在肺活量、50米跑、坐位体前屈、仰卧起坐、跳绳等常规项目测试结果方面差异并不明显，意味着两组学生足球体质差异较小，符合实验测试条件。随后，在开展为期8周的足球教学后，再次对学生的足球体质进行测试，结果如表5-3所示。

表5-3　实验后学生体质测试结果（*N*=100）

指标	实验组（*M*±*SD*）	对照组（*M*+*SD*）	*t*	*P*
肺活量/mL	1992. 24±144. 35	1821. 36±122. 15	1. 064	0. 021
50米跑/s	8. 92±0. 36	9. 37±0. 70	-0. 708	0. 015
坐位体前屈/cm	15. 87±3. 23	14. 51±3. 38	0. 984	0. 008
仰卧起坐/次	47. 39±8. 75	45. 28±9. 39	0. 931	0. 034
跳绳/个	72. 15±16. 24	70. 05±16. 35	-0. 501	0. 046

测试结果显示，在开展为期8周的足球教学之后，实验组学生足球体质测试数据向上浮动明显，多数学生保持大幅度提升，而对照组学生足球体质测试数据向上浮动偏小，训练对学生足球体质的提升效果比较小。在完成实验后，两组学生在足球体质测试数据上差异显著，证明实战情境教学法对学生足球体质提升效果明显。

（二）学生足球运动兴趣差异

学生足球运动兴趣是决定学生参与足球运动的前提和基础，只有学生对足球运动感兴趣，才能积极主动地投入足球运动，并在该领域取得更快速的成长。对于学生足球运动兴趣的调研，需要以学生自主评价为主，为学生设计简单问卷，根据问卷调查结果判定学生的兴趣差异。在本次问卷设计中，主要包括三个基本问题，即足球运动参与度、足球学习积极性、足球运动关注度，每个问题设置"非常符合""符合""一般""不符合""非常不符合"五个选项，"非常符合"获得5分，"非常不符合"获得1分。实验前学生足球运动兴趣测试结果如表5-4所示。

表 5-4　实验前学生足球运动兴趣测试结果（$N=100$）

指标	实验组（$M\pm SD$）	对照组（$M+SD$）	t	P
足球参与度/分	3.96±0.64	3.94±0.51	0.173	0.863
足球学习积极性/分	3.40±0.61	3.24±0.59	1.336	0.185
足球关注度/分	4.04±0.75	4.00±0.57	0.299	0.766

测试结果显示，湛江市第七中学、湛江市第二中学实验组与对照组学生在开展实验之前，两组学生在足球运动参与度、足球学习积极性、足球运动关注度等反映学生足球运动兴趣的指标基本一致，意味着两组学生在未参与足球教学之前，对足球运动的兴趣相同，符合实验测试条件。随后，在开展为期 8 周的足球教学后，再次对学生的足球运动兴趣差异进行测试，测试结果如表 5-5 所示。

表 5-5　实验后学生足球运动兴趣测试结果（$N=100$）

指标	实验组（$M\pm SD$）	对照组（$M+SD$）	t	P
足球参与度/分	4.30±0.51	4.06±0.55	2.273	0.025
足球学习积极性/分	3.84±0.42	3.40±0.76	3.594	0.001
足球关注度/分	4.42±0.50	4.16±0.55	2.481	0.015

测试结果显示，在开展为期 8 周的足球教学之后，实验组学生足球运动兴趣得到了显著的提升，更愿意参与、学习、关注足球运动，而对照组学生足球运动兴趣结果与实验前相比变化并不明显，学生的足球运动兴趣没有发生大幅度改变。在完成实验后，两组学生在足球运动兴趣测试数据上差异显著，证明实战情境教学法对学生足球运动兴趣提升效果明显。

（三）学生足球技术差异

学生足球技术是检验学生足球水平、获取优异成绩的重要指标，是中学足球教学的重点内容。教师需要通过教学活动，提升学生的足球技术水平，保证学生在比赛中获得更为优异的成绩。一般来看，足球技术的衡量指标包括运球、传球、射门、比赛等几个指标，由于这些指标难以量化处理，主要由教师在教学中通过测试记录，比如运球时间、传球成功率、射门成功率、比赛胜率等，因此教师先对学生进行测试，再给予综合评定(1~5 分。分数越高，则代表该指标成绩越好)。在开展对比实验之前，对湛江市第七中学、湛江市第二中学实验组与对照组学生进行足球技术测试，测试结果如表 5-6 所示。

表 5-6　实验前学生足球技术测试结果(N=100)

指标	实验组(M±SD)	对照组(M+SD)	t	P
运球/分	3. 68±0. 74	3. 66±0. 71	−12. 221	0. 065
传球/分	4. 01±0. 35	4. 05±0. 41	−20. 514	0. 073
射门/分	3. 55±0. 63	3. 61±0. 77	−13. 547	0. 058
比赛/分	3. 36±0. 21	3. 55±0. 32	−30. 514	0. 087

测试结果显示，湛江市第七中学、湛江市第二中学实验组与对照组学生在开展实验之前，两组学生在运球、传球、射门、比赛等几个指标上差异并不明显，意味着两组学生技术水平差异较小，符合实验测试条件。随后，在开展为期 8 周的足球教学后，再次对学生的足球技术进行测试，测试结果如表 5-7 所示。

表 5-7　实验后学生足球技术测试结果(N=100)

指标	实验组(M±SD)	对照组(M+SD)	t	P
运球/分	4. 44±0. 51	3. 87±0. 79	3. 711	0. 003
传球/分	4. 87±0. 31	4. 21±0. 46	2. 624	0. 015
射门/分	4. 02±0. 47	3. 85±0. 84	3. 331	0. 002
比赛/分	3. 92±0. 19	3. 77±0. 38	5. 514	0. 001

测试结果显示，在开展为期 8 周的足球教学之后，实验组学生足球技术提升效果明显，获得了更高的综合评定分数，而对照组学生足球技术测试数据上升幅度偏小，多数学生与原来技术水平差异并不明显。在完成实验后，两组学生在足球技术测试数据上差异显著，证明实战情境教学法对学生足球技术提升效果明显。

(四)学生足球规则意识差异

学生足球规则意识能对学生未来足球事业发展产生关键影响，也是中学足球教学中的重点内容，好的足球规则意识能够让学生更加健康成长，在开展足球运动之余，传递足球运动精神。一般来看，足球规则意识衡量指标包括比赛态度、犯规次数、红黄牌数量等，同样需要由教师先对学生进行测试，再给予综合评定(1~5分。其中比赛态度方面，分数越高，则说明比赛态度越好；犯规次数、红黄牌数量方面，分数越高，则分别说明犯规次数越多,获红黄牌数量越多)。在开展对比实验之前，对湛江市第七中学、湛江市第二中学实验组与对照组学生进行足球规则意识测试，测试结果如表5-8所示。

表5-8　实验前学生足球规则意识测试结果(N=100)

指标	实验组($M±SD$)	对照组($M+SD$)	t	P
比赛态度/分	3. 88±0. 25	3. 89±0. 27	−0. 985	0. 562
犯规次数/分	3. 97±0. 55	3. 99±0. 55	1. 223	0. 632
红黄牌数量/分	3. 75±0. 34	3. 78±0. 32	1. 056	0. 510

测试结果显示，湛江市第七中学、湛江市第二中学实验组与对照组学生在开展实验之前，两组学生在比赛态度、犯规次数、红黄牌数量等指标上差异并不明显，意味着两组学生规则意识差异较小，符合实验测试条件。随后，在开展为期8周的足球教学后，再次对学生的足球规则意识进行测试，测试结果如表5-9所示。

表5-9　实验后学生足球规则意识测试结果(N=100)

指标	实验组($M±SD$)	对照组($M+SD$)	t	P
比赛态度/分	4. 35±0. 19	3. 96±0. 29	−1. 210	0. 041
犯规次数/分	4. 48±0. 36	4. 11±0. 58	1. 261	0. 032
红黄牌数量/分	4. 61±0. 28	3. 92±0. 35	0. 998	0. 012

测试结果显示，在开展为期8周的足球教学之后，实验组学生足球规则意识提升效果明显，在频繁参与趣味比赛、对抗比赛后，更能够意识到足球运动的精神与本质，而对照组学生足球规则意识测试数据上升幅度偏小，训练对学生足球规则意识的影响并不明显。在完成实验后，两组学生在足球规则意识测试数据上差异显著，证明实战情境教学法对学生足球规则意识提升效果明显。

四、分析与讨论

根据上述实验的研究，可以得出以下几方面的结论。

第一，实战情境教学法对学生足球体质的正向影响作用。实验结果表明，学生积极主动参与到足球实战情境训练中，能够较好地调节神经系统功能及心肺功能，强化神经信号的传递，将肌肉中不经常活动的肌纤维也调动起来。尤其中学生正处于成长发育的时期，大脑皮层兴奋与神经传递的灵活性较高，反应速度快，实战情境教学法能显著提升学生速度素质、力量素质、灵敏度素质及协调能力等。

第二，实战情境教学法对学生足球运动兴趣的正向影响作用。传统训练教学法运用的是示范讲解、分解练习、完整练习的方式进行授课，学生通过不断练习强化，体会到成功的喜悦，运动参与程度与自主学习程度也有明显的提升，但在足球参与积极性方面的提升不够明显。传统训练教学法虽然设置了游戏环节来活跃课堂氛围，但是其游戏规则都是由教师制定的，适合学生开展的游戏种类有限，长时间实施会导致学生丧失兴趣，同时一些不擅长做游戏的学生也会对此环节产生一定的排斥。但是从实验的结果可以看出，传统训练教学法虽然能够激发中学生的足球运动兴趣，但是无法达到长期保持足球运动兴趣的目的。

实战情境教学法对实验组开展为期 8 周的足球教学课程后的实验结果显示，中学生参与足球课程的意愿、对足球的关注、学习足球的意愿都有所上升。在实战情境教学中，教师依据课堂教学实际内容创设出灵活的足球情境，利用生动形象的语言、适当的背景音乐、科学的场地来引导学生进入体育情境中，更具挑战性和趣味性，能充分发挥学生的主动性，促使学生依据自身的兴趣在足球情境中自由发挥与自主学习，以此获得学习的满足感。在实战情境教学中，学生通过自身的想象力及思考能力探索与总结出足球知识与技能；通过对相似动作的想象、模仿及学习，最终掌握规范的足球动作；在情境中发现问题并解决问题，以此来扫清学习的障碍。实战情境教学法能够使学生克服遭遇艰难险阻就退缩的心理，重视学生兴趣的培养，帮助学生在实战情境中自主学习，体现学生的主体性。心理学家研究证实，中学课堂教学时间为 40 分钟左右，但是学生能集中注意力的时间只有不到 20 分钟。同时中学生的自控能力不足，很容易被其他的事物吸引，导致注意力被分散。采用实战情境教学法进行授课的过程中，可以充分运用该方式的独特性、趣味性、灵活性，吸引学生的注意力，增加学生在课堂集中注意力的时间，课堂效率也会获得有效的提升，有助于学生足球知识与足球技战术的学习。依据实验观察可知，在中学足球课堂教学中应用实战情境教学法，可以帮助学生在遭遇困难的时候，降低逃避的概率。这是因为逼真的实战情境促使学生的兴趣及斗志被激发，减少了学生躲避困境的恐惧心理。同时学生也可以自主地在足球情境中进行探索与学习，失败的消极情绪不会十分强烈，不会轻易地进行自我否定。实验结果证实，实验后学生的足球兴趣水平要比实验之前有所提升。因此可以看出，教师运用实战情境教学法能够为学生增添更多的新鲜感，促使学生产生积极的情感，也能够较好地培养学生积极乐观的健康心态。

第三，实战情境教学法对学生足球技术的正向影响作用。实验结果显示，实验后学生足球技术中的运球、传球、射门、比赛等数据都有了显著的提升，而对照组的实验数据不够乐观。上述实验选取的实战情境教学中，通过灵敏性训练及“Z”字形运球游戏等能够提升学生运用标准动作进行运球的水平，在教师的指导下，学生存在的运球距离偏大、运球偏差等问题都被改正，经过反复的练习，练球水平有所提升。运用射门比赛、定点传球的方式来训练学生传球与射门的技术，能提升学生成功传球的概率，学生一气呵成，完成射门动作，进而促进学生对足球技战术的认识。射门是球员获胜的关键，也是重要的得分手段，因此在实战情境教学中，十分重视射门的训练，可以采用一对一比赛、二对二比赛、三对三比赛等方式训练学生的射门水平。同时在综合练习环节，进行全方位的训练与评价，完成分组对抗赛，帮助球员熟悉规则，调整比赛状况，并将足球对抗比赛作为一项常规的项目，帮助学生形成正确的比赛习惯，同时应用班级之间比赛及校际比赛，促使球员充分了解不同学校球员的运动水平，形成正确的竞赛观。

第四，实战情境教学法对于中学生足球规则意识的正向影响。传统教学模式对于中学生足球规则意识的影响是微弱的，经过长期系统的传统模式的训练，球员们的足球竞赛能力有所提升，但是未经过实战演练，对于赛场上所遇到的困难很难了解，因此对于足球规则意识方面的学习也较少。而实战情境教学法利用实战情境开展教学，能帮助学生了解足球竞赛过程中遇到的困难，掌握正确解决困难的方式，树立良好的足球规则意识。上至国际足联世界杯比赛，下至省级与市级足球比赛、校足球比赛、班级足球比赛中，都会遇到比赛犯规的问题，因此需要学生树立正确的足球比赛观，正确处理比赛中遭遇的对方犯规问题，提升自身的足球规则意识。如表 5-8、表 5-9 数据显示，实验后中学生的比赛态度有所改进、犯规次数及红黄牌数量都有所减少，意味着学生对于足球精神有了更深的认识，而对照组在此方面的结果不够明显。这说明实战情境教学法在中学足球规则意识教学方面的成效显著。

第六章　基于体教融合的中学足球实战情境教学案例精选

第一节　初中足球教学设计与案例

一、足球(水平四)：撞墙式二过一战术单元

(一)学情分析

虽然学生都非常喜欢足球这项体育运动，但绝大多数学生都刚刚接触足球运动，球感较差，动作要领掌握得不好，速度、耐力、力量、灵敏、柔韧和协调等身体素质基础较差。七年级学生正处于青春期，活泼好动，善于观察，模仿能力强，对新事物有很强的接受能力；肌肉的发展、骨骼的增长以及内脏器官的增长都很迅速。

本单元的设计旨在通过无球的模仿练习—踢固定球练习—近距离踢球练习—远距离踢球练习—射门练习这一由易到难的过程，使学生逐步掌握相应技术，提高速度、耐力、协调等身体素质，培养团队合作意识，提高学习兴趣，养成主动锻炼的习惯，形成遵守规则、尊重同伴、尊重裁判的品格。

(二)教学目标

(1)学生掌握局部二过一传球配合的技术动作，并能在比赛中运用。

(2)学生提高灵敏、协调、力量等身体素质。

(3)学生培养勇敢、果断、积极进取、团队协作的优良品质

(三)单元教学计划(表 6-1)

表 6-1　足球(水平四):撞墙式二过一战术单元教学计划

课时	学习目标	教学内容	重点、难点	教学策略
1	1. 了解足球运动的起源与发展 2. 了解足球比赛规则及裁判方法	足球比赛规则,小场地尝试性比赛	1. 重点:场地要求与比赛规则 2. 难点:正确理解并合理利用要求、规则	1. 根据规则进行阵型站位练习 2. 进行小场地尝试性比赛,不作具体要求
2	1. 初步掌握脚内侧踢球技术,能够在 5 米左右成功传球 3 次 2. 提高足球专项步伐的运动能力	学习脚内侧踢球技术	1. 重点:助跑、支撑脚站位、摆腿、触球部位 2. 难点:重心减低,协调发力	1. 模仿练习 2. 传球练习(重点训练协调、灵敏等素质) 3. 小组接龙传球游戏 4. 小组射门比赛
3	1. 基本掌握脚内侧踢球技术 2. 能够在 20 米内将移动中的球传到同伴脚下(成功率不低于 50%)	多人踢、停球练习	1. 重点:助跑、支撑脚站位、摆腿、触球部位 2. 难点:传球准确	1. 踢固定球练习 2. 两人一组传球练习 3. 三人一组传球练习 4. 三人跑动传球
4	1. 初步掌握脚背正面踢球的动作要领 2. 能够在有守门员的情况下在 20 米距离用脚背正面踢球的方式将球踢进球门	学习脚背正面踢球技术	1. 重点:击球时脚面绷直 2. 难点:击球后重心前移	1. 原地模仿练习 2. 踢固定球练习 3. 两人一组相距 5 ~ 7 米轻踢球练习 4. 12 米距离射空门练习
5	1. 基本掌握脚背正面踢球的动作要领 2. 能够在接同伴传球后在 12 米距离用脚背正面踢球的方式将球踢进球门	提高脚背正面踢球能力,学习脚内侧停球	1. 重点:准确控制球的路线和力度 2. 难点:动作协调,平稳、准确地运用脚背正面踢球技术	1. 踢固定球练习 2. 两人一组相距 5 ~ 7 米轻踢、停球练习 3. 接传球后在 12 米距离射空门练习 4. 有守门员情况下,接同伴传球后在 12 米距离射门

续表 6–1

课时	学习目标	教学内容	重点、难点	教学策略
6	1. 掌握多种踢球技术要领 2. 运用合理、正确的动作踢球，成功进球	多种踢球技术组合练习，脚外侧停球	1. 重点：技术动作协调 2. 难点：移动中准确判断并合理运用技术	1. 两人间移动踢球并射门 2. 三人间移动踢球并射门 3. 横向跑动 3~5 米后接力量适中的地滚球停球练习
7	1. 掌握踢、停球组合技术要领 2. 运用合理、正确的动作踢、停球	踢、停球技术的组合练习	1. 重点：踢、停球动作连贯 2. 难点：合理调整身体形态，运用技术	1. 三人移动中踢、停球练习 2. 四人跑动中踢、停球练习
8	1. 掌握几种提高身体各方面能力的练习方法 2. 提高力量、灵敏、耐力等身体素质	体能组合练习	1. 重点：提高体能 2. 难点：按要求做好动作	1. 核心力量练习 2. 上肢力量练习 3. 绳梯练习 4. 莱格尔跑
9	1. 初步掌握脚内侧运球动作要领、练习方法 2. 能在一对一对抗练习中坚持 5 秒不丢球	学习脚内侧运球技术	1. 重点：支撑脚的位置与触球部位 2. 难点：跑动中的支撑脚位置与用力大小的控制	1. 原地模仿练习 2. 慢跑运球练习 3. 运球和停球练习 4. 区域内运球练习 5. 区域内运球、抢断球练习 6. 一对一对抗练习
10	1. 基本掌握脚内侧运球动作，提高控球能力 2. 20 秒内完成脚内侧变向曲线运球 30 米，并连贯完成射门动作	提高脚内侧运球技术	1. 重点：脚拨的动作和触球部位 2. 难点：用力大小与跑速的协调配合	1. 原地模仿练习 2. 慢跑运球练习 3. 运球和停球练习 4. 区域内运球练习 5. 区域内运球、抢断球练习 6. 一对一对抗练习 7. 变向突破标志物运球 30 米

续表 6-1

课时	学习目标	教学内容	重点、难点	教学策略
11	1. 初步掌握脚外侧运球动作要领、练习方法 2. 在 30 米距离的一对一对抗练习中失误不超过 2 次	学习脚外侧运球技术	1. 重点：较好地运用运球技术 2. 难点：运球与速度的把控	1. 原地模仿练习 2. 慢跑运球练习 3. 运球和停球练习 4. 区域内运球练习 5. 区域内运球、抢断球练习 6. 一对一对抗练习
12	1. 基本掌握脚外侧运球动作，提高控球能力 2. 17 秒内完成脚外侧变向曲线运球 30 米	提高脚外侧运球技术	1. 重点：支撑脚的位置和触球部位 2. 难点：用力大小与跑速的协调配合	1. 原地模仿练习 2. 慢跑运球练习 3. 运球和停球练习 4. 区域内运球练习 5. 区域内运球、抢断球练习 6. 一对一对抗练习 7. 变向突破标志物运球 30 米
13	1. 掌握撞墙式二过一战术要领和练习方法 2. 完成正确的撞墙式二过一战术练习，成功率不低于 50%	撞墙式二过一战术	1. 重点：传球时机、方向，回传后跑动到位 2. 难点：传、插时机	1. 讲解示范撞墙式二过一战术的路线、方法、时机等 2. 撞墙式二过一战术练习 3. 三人一组，两人进攻一人防守，进攻者根据防守者位置练习撞墙式二过一战术
14	测试学生踢球技术的掌握和应用情况，重点考查踢球的脚法、准确性	踢准比赛	1. 重点：较好地运用运球技术 2. 难点：调节紧张心理	相距 12 米，用任意一种脚法射门(将球门标出不同分值)，共射 5 次，评价得分

续表 6-1

课时	学习目标	教学内容	重点、难点	教学策略
15	测试学生协调、灵敏等素质的发展水平和足球基本技能	运球比赛	1. 重点：合理运用技术 2. 难点：调节紧张心理	1. 设置好长 30 米、宽 10 米比赛场地和标志杆(左右边线各 5 杆，起点至第一杆隔 5 米，各杆间距 5 米) 2. 队员听到出发口令后开始向前运球依次过杆、不得碰杆，队员和球均越过终点即为结束 3. 每人测 2 次，记录最好成绩，测量单位为秒，精确到小数点后一位
16~18	1. 进行八对八的足球比赛，积极参与比赛 2. 明确规则、要求，站位准确 3. 努力贯彻二过一战术 4. 在比赛中积极和同伴沟通，不断提高团队的协作能力	小联赛	1. 重点：同伴相互信任与相互鼓励 2. 难点：合作共赢	1. 进行八对八体验赛 2. 休息的同学承担裁判工作 3. 分层进行八对八比赛，统计比赛结果，宣布获胜班级 4. 评选出本单元足球学习的各项优秀学员

(四)精选课时教案(表 6-2)

表 6-2 足球(水平四)：撞墙式二过一战术单元第 13 课时教案

<table>
<tr><td>年级</td><td>七年级</td><td>人数</td><td>40 人(男 20 人，女 20 人)</td><td>单元课时</td><td>第 13 课时</td></tr>
<tr><td>学习目标</td><td colspan="5">1. 掌握撞墙式二过一战术要领和练习方法
2. 完成正确的撞墙式二过一战术练习，成功率不低于 50%</td></tr>
<tr><td rowspan="2">教学内容</td><td rowspan="2" colspan="2">撞墙式二过一战术</td><td>重点</td><td colspan="2">传球时机、方向，回传后跑动到位</td></tr>
<tr><td>难点</td><td colspan="2">传、插时机</td></tr>
</table>

续表 6-2

场地器材	足球场 1 块、足球 20 个、标志桶 40 个、标志碟 40 个、简易足球门 8 个、音乐播放器 1 部						
安全措施	1. 身体不适的同学见习，准备活动充分，防止受伤，不戴金属首饰 2. 提醒安全隐患及应对措施，提高安全意识 3. 练习时注意同伴间的间距，避免碰撞 4. 练习后，充分放松						
教学流程	集合整队→静态拉伸→动态热身活动→传球接力→技能学习：学习撞墙式传球配合、分组练习（无防守）、分组练习（有防守）、分组竞赛→强化上肢与核心体能→身心放松→小结→下课						
课的结构	达成目标	学习内容	教师活动	学生活动	运动负荷		组织方式
					时间	强度	
学情导入	1. 培养规则意识 2. 提高兴趣，明确教学目标	1. 集合整队 2. 布置学习目标、要求及内容	1. 安排见习生，检查服装 2. 布置学习目标、要求及内容	1. 队列快、静、齐 2. 认真听讲	3 分钟	小	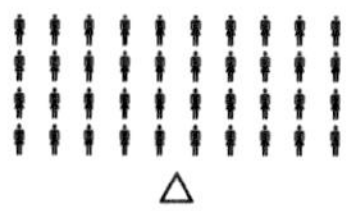
动态热身活动	1. 动态拉伸操 2. 静态拉伸操	1. 动态拉伸练习：上下击掌、直臂摆臂、碎步抬膝、碎步抬腿、跨步展髋、跨步下蹲、小腿后踢、跳步投球 2. 体能热身：握手上下伸展、握手左右伸展、握手左右屈体向下伸展	1. 带领学生练习 2. 讲解示范，热情饱满	1. 学生全情投入，在老师带领下伴随着音乐练习 2. 动作舒展，充分活动	8 分钟	中	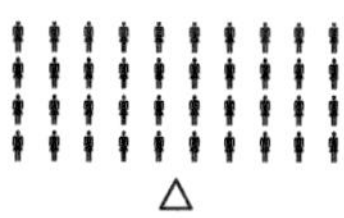

续表 6–2

技能学习	1. 通过运球接力，激发足球传球兴趣 2. 巩固提高撞墙式传球技术，培养相互合作意识 (1) 初步掌握足球撞墙式传球配合技术动作和练习方法 (2) 初步掌握限制性防守下撞墙式传球配合动作 (3) 通过比赛检验学习成果，培养团结、宽厚的品德	1. 四角运球接力同学互相传球，完成任务后，角色互换 2. 复习撞墙式传球配合，尝试一脚传球 (1) 分组练习足球撞墙式传球配合 (2) 自主练习：在五人限制性防守下传球配合 (3) 个别辅导 (4) 五对五分组对抗赛	1. 讲解示范；明确规则；激情引导 2. 组织练习，巡回指导，引导学生思考，积极评价 3. 讲明规则，巡视监督，引导学生培养合作与包容的品德	1. 积极参与游戏，轮换体验角色 2. 参与练习，积极思考 3. 积极参与比赛，相互学习、相互鼓励	21 分钟	中	1. 分组练习、自主练习 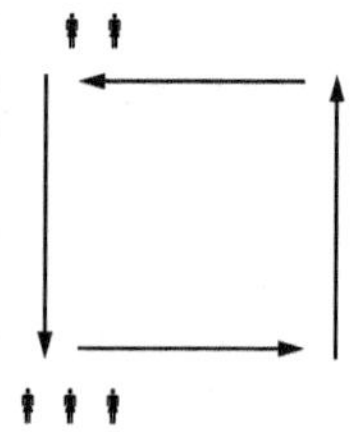 2. 五对五分组对抗赛 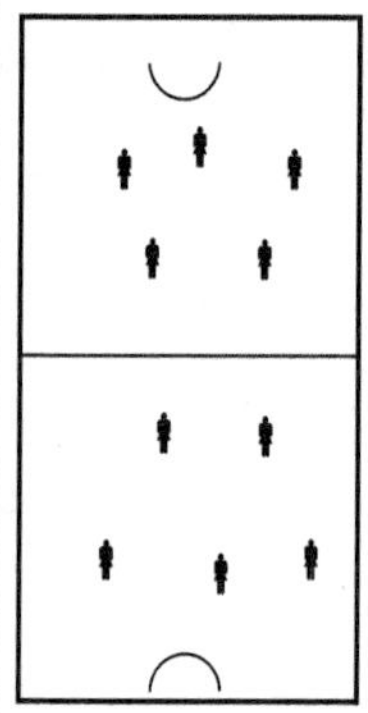

续表 6-2

强化体能	1. 提高力量、灵敏素质 2. 养成正确锻炼的健康习惯和吃苦耐劳的坚韧品质	1. 提高上肢与核心力量素质练习 (1) 双手移动触脚 (2) 手掌与小臂轮换式平板支撑 (3) 平板支撑时听口令抢球 2. 提高力量、灵敏素质练习	1. 提出要求，巡视指导，参与练习 2. 带练，提示规范动作，激励学生坚持	1. 根据自身体能薄弱环节，选择动作组合练习 2. 相互加油鼓劲	5 分钟	中	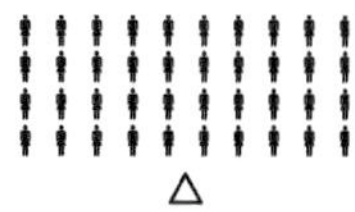
身心放松	1. 缓解疲劳，掌握拉伸动作 2. 明确本节课收获	1. 静态拉伸放松 2. 评价小结，课后延伸，布置学生收拾器材，下课	1. 带领学生练习 2. 鼓励学生相互评价；布置课后作业，师生再见	1. 积极投入，动作舒展 2. 认真总结，师生再见	3 分钟	小	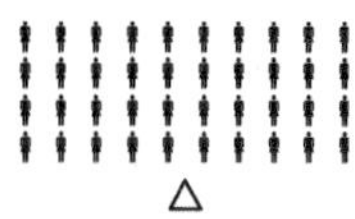
练习密度	55%~65%		平均心率	140~160 次/分			
预计运动心率曲线图	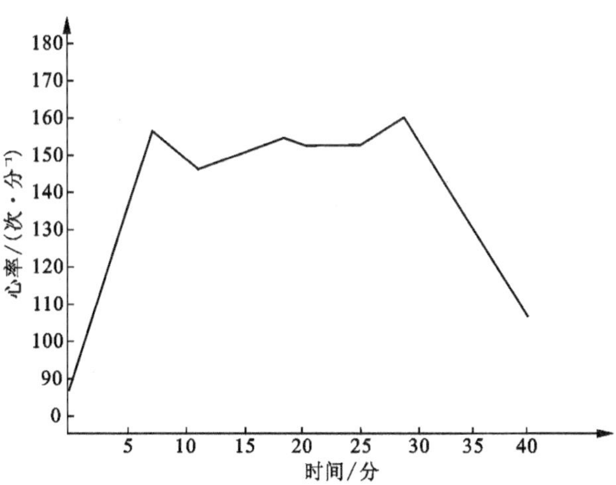						

续表 6-2

课后作业	1. 俯卧两头起，每天 3 组×30 个，组间休息 30~40 秒 2. 移动平板支撑，每天 3 组×30 个，组间休息 30~40 秒 3. 观看足球撞墙式二过一进攻配合战术的视频
课后反思	本节课学生学习积极性很高，课中学生练习的衔接比较紧密学生由于足球基础不好，传球与跑位的路线有待改进，传球过程中的失误次数比较多，传球后的跑动的意识不够，存在原地等待被动接球现象，在进行有人限制性防守的练习中未能积极主动进行创造性传球从而无法形成二过一配合通过教师对学生的语言激励与适时的指导，学生的配合成功率有所提高课中应该改进并增加组织手段，提高学生传接练习的密度，提高学生的练习兴趣

二、足球(水平四)：二过一配合射门单元

(一)学情分析

八年级的同学正进入生长发育的关键期，力量、速度、耐力等身体素质逐步提高。八年级学生已经学习过运球、传球、停球、射门等基本技术，但大部分学生在实战比赛中无法很好地将技术转变为技能，且对战术不了解，从而影响学生参加实战的积极性，无法获得成就感。因此，本单元的设计旨在通过实战情境练习使他们在学习过程中提升对基本技战术如二过一配合射门等的掌握，提高学生下肢力量、灵敏等身体素质，培养学生顽强拼搏、团结协作等意志品质。

(二)教学目标

(1)运动能力：学习足球二过一配合战术，熟练掌握局部进攻二过一配合射门，能够在比赛中灵活运用，了解足球比赛规则，体能协调发展。

(2)健康行为：提高参与足球活动的积极性，学会与同伴沟通与合作，掌握体育锻炼的方法和注意事项，养成良好的锻炼习惯。

(3)体育品德：做到公平竞争，遵守规则，正确对待比赛胜负，培养永不言弃、坚韧不拔的精神。

(三)单元教学计划(表6-3)

表6-3 足球(水平四):二过一配合射门单元教学计划

课时	学习目标	教学内容	重点、难点	教学策略
1	1. 准确地感知运球技术涉及的脚触球部位 2. 感知触球力度与方向，体会推拨球动作，熟悉球性 3. 在分组竞赛活动中，培养公平竞赛的观念	1. 颠球 2 脚内侧横拨球 3. 单脚横拉球 4. 脚掌脚背拉推球	1. 重点：准确地用脚的某一个部位触球；体会触球过程中身体重心的变化 2. 难点：推拨球技术动作	1. 安排学生用脚的各个部位来进行球感练习，比一比谁用到的触球部位最多 2. 纠正学生在触球力度、角度、身体重心变化上所犯的错误，并向学生介绍和示范推拨球动作 3. 引导学生运用球感练习方式来进行竞速接力类游戏以及触球频率比赛
2	1. 了解脚背正面、脚外侧直线运球技术动作原理，掌握技术动作要点 2. 能在低速奔跑过程中做出较为规范的直线运球技术动作 3. 通过与同学共同练习、思考、观察，培养自主思考能力和合作意识	1. 脚背正面直线运球技术 2. 脚外侧直线运球技术	1. 重点：用正确的部位准确触球；身体重心的变化 2. 难点：两个部位直线运球时触球部位对球的推拨用力	1. 教师通过视频或图片展示两个部位直线运球的作用，激发学生的学习兴趣和热情 2. 教师进行简单的示范讲解后，学生在走的过程中用两个部位进行脚背正面运球，同组的同学注意观察其动作，返回后要告诉其优缺点 3. 要求学生积极自主思考两个部位的直线运球技术的异同点 4. 组织学生分成若干组进行两个部位的运球接力跑
3	1. 了解脚外侧、脚内侧曲线运球技术动作原理，掌握技术动作要点 2. 能在低速奔跑过程中运用正确部位做出曲线运球技术动作 3. 培养问题意识和合作解决问题的能力	1. 脚外侧曲线运球技术 2. 脚内侧曲线运球技术	1. 重点：用正确的部位准确触球；触球部位对球的推拨用力 2. 难点：运球变向时身体重心的变化	1. 教师通过视频或图片展示球星运球变向过人的英姿，激发学生的学习兴趣和热情 2. 教师通过示范和讲解分析直、曲线运球技术动作的异同点 3. 指导学生在低速奔跑中用两个部位曲线运球绕过直线障碍和折线障碍 4. 组织学生两人一组进行运球追踪游戏

续表 6-3

课时	学习目标	教学内容	重点、难点	教学策略
4~5	1. 巩固提高所掌握的各种脚法直、曲线运球技术 2. 能在对抗中合理运用各种运球技术来控球和突破 3. 培养独立分析和解决问题的能力	一对一对抗下各种运球技术的综合运用	1. 重点：高速奔跑过程中对球的控制；身体对抗下技术动作的控制 2. 难点：运球过程中身体重心的变化	1. 引导学生以"人多球少"游戏的形式来复习各种直、曲线运球技术 2. 指导学生在消极防守下一对一运球过人射门练习 3. 组织学生以"争抢二分之一球""狭路相逢"两种练习形式来进行积极对抗下的一对一运球过人射门练习 4. 比赛中鼓励学生拿球后敢于运球突破
6	1. 了解脚内侧踢球技术动作原理，掌握技术动作要点 2. 能在原地做出较为规范的脚内侧踢球动作 3. 与同学共同练习，培养合作观念	1. 原地脚内侧踢球技术 2. 原地脚内侧传接球技术 3. "踢固定球"游戏	1. 重点：脚弓踢球后中部，以支撑脚脚尖为"准星"，膝、踝关节外展 2. 难点：踢球后踢球脚脚后跟继续前顶	1. 启发式提问：足球场上怎么样才能把球传准 2. 两人一组进行短距离传接球，在实践中启发学生思考"为什么我传不准确"，之后教师进行示范、讲解，引导学生领悟动作要点 3. 通过"踢固定球"练习纠正学生脚内侧踢球脚型 4. 通过游戏进一步巩固技术动作
7~8	1. 了解脚内侧踢球技术在比赛中的战术用途 2. 能在跑动中用脚内侧踢运动中的球 3. 与同学共同练习，培养合作观念，通过跑中练习培养灵活应变能力	1. 跑动中脚内侧踢球技术 2. 直线交叉跑位运、传接球练习 3. "撞墙"游戏	1. 重点：踢球一刹那踝关节必须固定，大腿带动小腿摆动触球，身体重心前压 2. 难点：对移动球的运行路线的判断，自身跑动时对时空方位的判断	1. 原地两人一组进行脚内侧传球练习 2. 进行启发式提问：足球场占多数的传球射门是在什么状态完成的？ 3. 教师示范、讲解跑动中脚内侧运、传球技术 4. 通过"撞墙"游戏，练习跑动中脚内侧踢球技术

续表 6-3

课时	学习目标	教学内容	重点、难点	教学策略
9~10	1. 积极参与足球传球、停球、运球、射门组合技术练习，掌握动作技术及练习方法，并能加以运用，提高速度、力量、灵敏、协调等身体素质 2. 积极主动参与练习及比赛，提升交流合作能力 3. 在学、练、赛中培养遵守规则、诚信自律、团结协作、吃苦耐劳、顽强拼搏的品质	传球、停球、运球、射门组合技术	1. 重点：传球时机及运球射门的连贯性 2. 难点：对球运动路线变化的控制	1. 指导学生两人一组进行运、传球组合练习 2. 组织学生六人一组进行传、停、运球练习 3. 学生通过传球、停球、运球、射门组合技术练习，初步提升传、停、运、射的能力 4. 一对一进攻射门练习
11	1. 学习足球二过一配合射门，熟练掌握局部进攻二过一战术，了解足球比赛规则，能够在比赛中灵活运用，体能协调发展 2. 提高参与足球运动的积极性，学会与同伴沟通与合作，掌握体育锻炼的方法和注意事项，培养良好的锻炼习惯 3. 公平竞争，遵守规则，正确对待比赛胜负，培养永不言弃、坚韧不拔的精神	足球二过一配合射门	1. 重点：传接球及时、准确，跑动迅速，路线清晰 2. 难点：二人配合默契，衔接射门流畅	1. 复习一对一进攻射门(自主学练) 2. 学习足球二过一配合射门(合作学练) 3. 二对一攻防练习(合作学练) 4. 二对二攻防练习(合作学练) 5. 五对五分组比赛

续表 6-3

课时	学习目标	教学内容	重点、难点	教学策略
12	1. 初步掌握各种局部进攻技战术配合的组织形式及要点 2. 基本具备在比赛中局部地区运用技战术配合进行进攻的意识和能力 3. 培养主动合作解决问题的意识	1. 局部进攻技战术：斜传直切配合 2. 局部进攻技战术：交叉掩护配合 3. 局部进攻技战术：交叉换位配合	1. 重点：各种局部进攻技战术配合的运用时机与关键点 2. 难点：局部进攻技战术配合默契度	1. 进行各种形式的脚内侧踢球、脚内侧踢球以及各种脚法的直曲线运球练习，增强无对抗情况下单个基本技术动作的熟练程度 2. 将练习的各种单个技术动作运用于所学 4 种局部进攻技战术配合的练习中，增强进攻技战术运用能力 3. 交叉掩护配合进攻配合射门 4. 交叉换位配合进攻配合射门
13	1. 初步掌握各种局部防守技战术配合的组织形式及要点 2. 具备在比赛中局部地区运用技战术配合进行防守的意识和能力 3. 培养依靠团队力量摆脱困境的意识和能力	1. 局部防守技战术：盯人的运用 2. 局部防守技战术：保护的运用 3. 局部防守技战术：补位的运用	1. 重点：各种局部防守技战术配合的运用时机与关键点 2. 难点：保护的距离判断；补位上抢的时机	1. 进行各种跑、跳、急停、急起、转身练习 2. 组织练习头顶球技术和胸部接停球技术，增强技术熟练程度 3. 运用所掌握的单个技术动作进行 3 种防守技战术配合练习，增强防守技战术运用能力 4. 一对二形式的保护、补位技战术运用能力练习
14~15	1. 掌握比赛中局部地区运用技战术配合完成攻防战术任务的要点 2. 具备在比赛中局部地区运用各种技战术配合形式来完成攻防战术任务的能力 3. 培养团队合作意识	1. 局部攻防技战术对抗：二对二半场攻防演练 2. 局部攻防技战术对抗：定位球攻防演练	1. 重点：防守或进攻过程中队员相互之间的配合 2. 难点：身体直接对抗时技术不变形	1. 运用 2 种传切技战术配合穿越直线障碍，并完成射门 2. 运用 2 种交叉运球技战术配合穿越直线障碍，并完成射门 3. 二对二攻防对抗演练（积极防守） 4. 五对五半场攻防对抗演练（积极防守）

续表 6-3

课时	学习目标	教学内容	重点、难点	教学策略
16~17	1. 了解比赛中运用技战术配合完成整体攻防任务的要点和形式；了解准备活动中预防运动损伤的方式 2. 培养学生在比赛中运用技战术配合完成整体攻防任务的能力 3. 树立顾全大局的意识和观念	整体攻防技战术运用：七人制比赛	1. 重点：对抗中技战术的合理运用 2. 难点：个人技战术运用到比赛局部和整体当中，建立位置感	1. 在有干扰的情景下，进行各种形式的单个技术动作练习 2. 消极对抗情景下斜传直切、直传斜切、边路传中的技战术演练，消极对抗情景下交叉掩护与交叉换位中路进攻的技战术演练 3. 七人制比赛，赛前由学生自主安排准备活动
18	1. 培养参与足球活动的兴趣爱好 2. 巩固所学到的竞赛规则和运动损伤预防知识 3. 提高技战术配合能力 4. 增强与他人协调沟通的能力，并锻炼组织能力	1. 准备活动内容的自主安排 2. 竞赛规则的实践运用 3. 七人制班级冠军赛	1. 重点：全队每个人都要分配一个固定的位置，都要承担一定的攻防战术任务 2. 难点：个人技战术与全队整体技战术任务融合	1. 调整年级体育课时并组织班级比赛时间、地点、耗时、换人名额以及裁判员 2. 每个班级球队自行安排准备活动的内容、形式 3. 分配比赛位置、安排具体攻防任务 4. 七人制比赛 5. 组织展示与评价

(四)精选课时教案(表 6-4)

表 6-4　足球(水平四)：二过一配合射门单元第 11 课时教案

<table>
<tr><td>年级</td><td>八年级</td><td>人数</td><td colspan="2">40 人(男 20 人，女 20 人)</td><td>单元课时</td><td>第 11 课时</td></tr>
<tr><td>学习目标</td><td colspan="6">1. 学习足球二过一配合射门，熟练掌握局部进攻二过一战术，了解足球比赛规则，能够在比赛中灵活运用，体能协调发展
2. 提高参与足球运动的积极性，学会与同伴沟通与合作，掌握体育锻炼的方法和注意事项，培养良好的锻炼习惯
3. 公平竞争，遵守规则，正确对待比赛胜负，培养永不言弃、坚韧不拔的精神</td></tr>
<tr><td rowspan="2">教学内容</td><td rowspan="2" colspan="3">足球二过一配合射门</td><td>重点</td><td colspan="2">传接球及时、准确，跑动迅速，路线清晰</td></tr>
<tr><td>难点</td><td colspan="2">二人配合默契，衔接射门流畅</td></tr>
</table>

续表 6-4

场地器材	足球场1块、足球40个、标志筒8个、小球门8个、分队服40件、音箱1套、标志碟20个						
安全措施	1. 课前认真检查场地、器材、穿着等状况，消除安全隐患 2. 安置好见习生，加强安全教育，提高学生自我保护能力 3. 充分热身，预防运动损伤 4. 合理安排练习间距，避免发生碰撞						
教学流程	课堂常规→动态热身活动→球性练习→复习二人传、接球→复习一对一进攻射门→学习二过一配合射门→二对一攻防练习→二对二攻防练习→五对五分组比赛→体能练习→静态拉伸放松→课堂小结						
课的结构	达成目标	学习内容	教师活动	学生活动	运动负荷		组织方式
					时间	强度	
开始部分	1. 激发学习兴趣 2. 导入学习内容	1. 集合整队，报告人数 2. 师生问好 3. 检查着装，强调安全 4. 宣布本节课的目标和内容 5. 安排见习生活动、队列练习	1. 指导集合队伍 2. 师生问好 3. 检查运动着装，强化安全措施 4. 宣布课的目标、内容以及课堂要求 5. 安排见习生	1. 体育委员集合整队、清点人数，学生快速集合 2. 向老师问好 3. 检查运动着装 4. 认真听讲 5. 见习生按要求活动	1分钟	小	

续表 6-4

准备部分	1. 动态热身，激活身体机能 2. 提高球感，巩固已学习的技能并熟练运用 3. 积极运球摆脱突破防守，完成射门	1. 动态热身 (1) 垫步摆臂画圈 (2) 垫步提膝摆胯 (3) 垫步提膝内摆 (4) 手摸脚内侧 (5)高抬腿 (6)后踢腿 (7)慢跑 2. 球性球感练习 (1)踩球 (2) 左右拉球 (3) 左右拉踩球 (4) 内拉外推 (5) 内拉外拨 (6) 左右拨球 (7) 脚背正面运球 (8) 脚内侧运球 3. 复习原地直线传接球技术 4. 复习一对一射门	1. 简单讲解示范动态热身练习方法 2. 带领学生一起热身 3. 带领学生一起做球性练习、传球练习 4. 言语引导、关注学生传控球技术运用、射门进攻是否有运球摆脱防守	1. 听从老师指令，积极参与练习；认真做好热身活动，充分热身 2. 热身动作积极到位，舒展充分 3. 认真练习传球、一对一射门	9 分钟	中	1. 动态热身 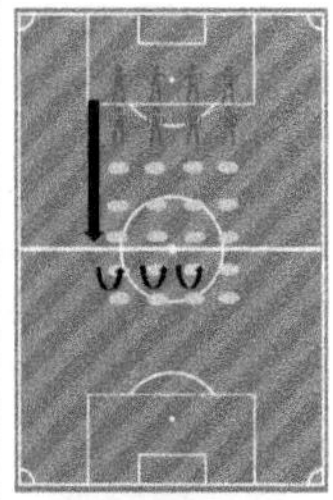 2. 球性球感练习  3. 一对一射门 

续表 6-4

基本部分	1. 学：通过学习与配合并完成射门，提高二过一配合射门的成功率 2. 练：进攻跑位的及时准确，传球的时机、力度与提前量的把控 3. 赛：五对五小场地比赛，通过实战比赛，提升足球进攻战术配合 4. 体能练习，提高身体基本素质	1. 足球二过一配合射门 (1) 队员1传球给队员2后摆脱防守队员空切，队员2马上回传球给队员1 (2) 队员1接回传球后射门 2. 男女分组二对一攻防练习 3. 进阶二对二攻防实战 4. 五对五攻防实战 5. 体能练习 (1) 俄罗斯转体 (2) 夹球端腹 (3)登山跑 (4) 单臂支撑 (5)半蹲跳 (6)高抬腿	1. 动作示范，学生学练二过一配合射门，传球、跑位、射门衔接努力做到流畅 2. 引领学生学练，完成连贯动作 3. 激励导学，强调传球时机把握及射门动作连贯的重要性 4. 鼓励运用所学的二过一配合射门 5. 根据学生掌握程度进行分组二对二攻防实战练习 6. 讲解比赛要求，组织学生分组比赛，营造积极比赛气氛 7. 提示正确的锻炼方法，鼓励学生坚持	1. 认真学习二过一配合射门路线，观察、模仿教师示范的组合技术动作 2. 按教师要求，完成二过一配合射门，有序排队等待练习，认真观察 3. 积极配合、灵活运用二过一配合射门 4. 相互鼓励、积极思考、寻求突破 5. 了解比赛规则，积极参加比赛，学会运用所学的二过一战术成功配合并完成射门2次以上 6. 学习与掌握体能锻炼方法和知识	28 分钟	较大	1. 二过一配合射门  2. 二对二攻防实战 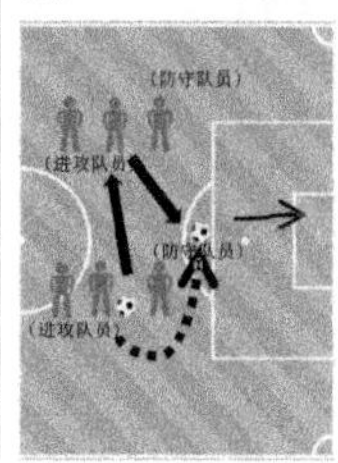

续表 6-4

结束部分	1. 静态拉伸放松 2. 学习评价	1. 静态拉伸 (1)抬头上举 (2)左弓步 (3)右弓步 (4)站位体前屈 2. 课堂小结，布置课后作业 3. 回收器材，师生再见	1. 带领同学进行拉伸放松 2. 进行小结，表扬鼓励学生 3. 布置课后作业	1. 跟随教师做放松练习 2. 认真聆听总结与评价，进行反思 3. 清楚课后作业	2 分钟	小	
练习密度		50%±5%		平均心率	145~160 次/分		
预计运动心率曲线图		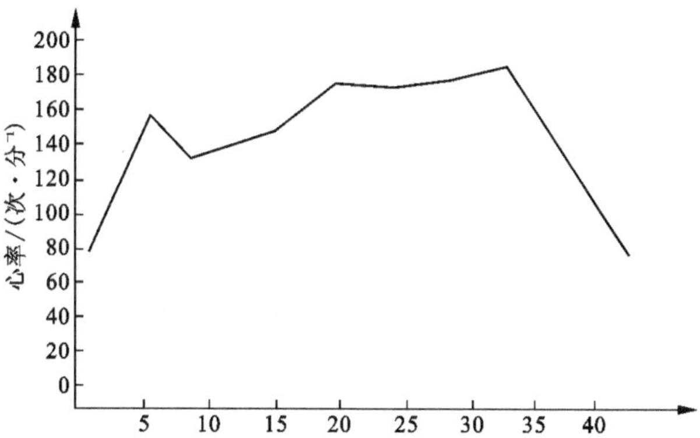					
课后作业		1. 观看一场足球比赛(学会观察、评价与分析) 2. 球性练习(自主颠球 20 分钟)					
课后反思		本节课学生技术水平参差不齐，但是教学环节比较连贯，一气呵成针对练习和游戏，学生的学习积极性很高虽然使用的教学器材简单，但是通过老师语言描述、师生对话互动、动作模仿等常规手段，所取得的教学效果非常好 不足之处：由于本节课学生体能消耗较大，在进行体能练习时学生的积极性不高，可尝试采用体能游戏的方式提高学生的参与积极性					

三、足球(水平四)：脚外侧运球单元

(一)学情分析

本次授课对象为七年级学生，他们具有学习的主动性、积极性很高等特点

初中生正处于青春发育期，身心发生很大的变化，是体能增长的敏感期在小学阶段个别学生有学习足球的经历，但大部分学生较少接触足球，他们在足球技术、战术等方面的水平参差不齐，对足球知识的了解也存在差异因此，在本单元的足球教学中要针对学生的实际需要和特点，选择适应学生生理和心理的教学方法和手段，关注个体差异，使学生主动参与、自主学习，激发学生学习足球的兴趣，使学生更好地学习和掌握足球运动技能。

（二）教学目标

（1）学生通过学习能够基本掌握几种运球技术要领和动作方法。

（2）学生在教学比赛中能根据场上形势较合理地运用相应脚法运球，进一步提高运控球能力、技战术应用能力。

（3）学生提高协调性、灵活性、柔韧性、动作速度、反应速度、起动速度以及有氧耐力等，体质增强。

（4）学生自信心提高，增强足球兴趣、足球意识及团队精神。

（三）单元教学计划（表 6-5）

表 6-5　足球（水平四）：脚外侧运球单元教学计划

课时	学习目标	教学内容	重点、难点	教学策略
1	1. 进一步学习足球规则，提高理论知识水平 2. 在比赛中能正确运用所学知识 3. 培养尊重裁判、服从裁判的意识	1. 学习并了解竞赛规则 2. 在课堂中对常用技术动作进行简单的理论分析	1. 重点：学生对足球规则的理解 2. 难点：判罚的尺度及在比赛中的正确运用	1. 多媒体教学 2. 结合学生已学知识进行提问 3. 观看足球比赛 4. 裁判实习
2	1. 通过各种形式的游戏、比赛和基础练习发展控球感 2. 提高协调性、灵敏性、动作速度、反应速度 3. 培养积极参与足球运动的习惯	球性练习	1. 重点：支撑脚的位置与触球部位 2. 难点：跑动中的支撑脚位置与用力大小的控制	1. 单人拨球、拉球、颠球 2. 两人一组练习 3. 三人一组练习 4. 组合技术练习 5. 抢占据点游戏 6. 体能练习

续表 6–5

课时	学习目标	教学内容	重点、难点	教学策略
3	1. 通过学练，初步掌握脚内侧运球的技术要领和动作方法 2. 提高上肢、腰腹力量和耐力素质，提高灵敏性、协调性、平衡性等 3. 培养勇于拼搏、顽强的品质	1. 脚内侧运球 2. 体能训练	1. 重点：脚拨的动作和触球部位 2. 难点：用力大小与跑速的协调配合	1. 球性练习 2. 体验脚内侧运球 3. 教师讲解与示范 4. 脚内侧运球分组练习 5. 绕杆比赛 6. 一对一消极防守练习 7. 五人制教学比赛 8. 体能训练
4	1. 通过学练，基本掌握脚外侧运球的技术要领和动作方法，部分学生熟练掌握脚外侧运球技术动作 2. 提高上肢、腰腹力量和耐力素质，提高灵敏性、协调性、平衡性等 3. 培养勇于拼搏、顽强的品质	1. 脚外侧运球 2. 体能训练	1. 重点：脚推拨的动作和触球部位 2. 难点：用力大小与跑速的协调配合	1. 复习脚内侧运球 2. 体验脚外侧运球 3. 教师讲解与示范 4. 脚外侧运球分组练习 5. 脚外侧运球比赛 6. 脚外侧运球过球门比赛 7. 五人制教学比赛 8. 体能训练
5	1. 通过学练，初步掌握脚背正面运球的技术要领，提高运球时对球的控制能力 2. 积极思考，敢于克服困难 3. 培养创新能力，提高控球水平	1. 脚背正面运球 2. 体能训练	1. 重点：脚拨的动作和触球部位 2. 难点：用力大小与跑速的协调配合	1. 复习脚外侧运球 2. 体验脚背正面运球 3. 教师讲解与示范 4. 脚背正面运球分组练习 5. 脚背正面运球比赛 6. 脚背正面运球过球门比赛 7. 五人制教学比赛 8. 体能训练

续表 6-5

课时	学习目标	教学内容	重点、难点	教学策略
6	1. 学习正面抢截球技术，提高学生抢截球的能力 2. 提高协调性、灵活性、柔韧性以及有氧耐力 3. 培养敢于拼搏的精神	正面跨步抢截	1. 重点：并脚后的提拉动作 2. 难点：上抢时机的把握	1. 讲解与示范 2. 学生徒手模仿跨步练习 3. 两人一组相向听信号进行上抢练习 4. 两人一组对抗练习
7～8	1. 学习变向过人，初步掌握变向过人技术的动作要领 2. 提高协调性、灵活性、柔韧性、动作速度、反应速度、起动速度以及有氧耐力 3. 培养勇敢果断的品质	变向过人	1. 重点：与对手的位置关系 2. 难点：变向的时机	1. 拉球变向 2. 拨球变向 3. 挑球变向 4. 扣球变向 5. 组合变向练习 6. 两人一组的对抗练习（消极、积极）
9～10	1. 通过学练，初步掌握运球过人技术的动作要领 2. 通过比赛实战来巩固提高个人进攻能力，培养分析、判断、迅速反应能力 3. 培养勇于拼搏、积极进取的精神，强化团队意识	1. 运球过人 2. 教学比赛	1. 重点：拨、拉、扣等动作 2. 难点：突破时机，突破距离，速度和方向的变化	1. 练习拨球、拉球、扣球等动作 2. 练习左晃右拨技术 3. 运球绕障碍物练习 4. 一对一运球突破练习 5. 突破传球 6. 教学比赛
11～12	1. 能基本完成运球射门，甚至可以熟练掌握运球射门的技巧 2. 提高协调性、灵活性、柔韧性、动作速度、反应速度、起动速度以及有氧耐力 3. 学会自主学习，乐于与同伴协作完成练习	运球过人射门	1. 重点：运球节奏的掌握，推球的力量与方向 2. 难点：射门的角度与准确性，衔接速度	1. 球性练习 2. “争分夺秒”游戏 3. 直线运球射门练习 4. 绕标志杆射门练习 5. 比赛 6. 体能训练

续表 6-5

课时	学习目标	教学内容	重点、难点	教学策略
13	1. 能掌握运控球技术，甚至可以熟练运用运控球技术 2. 提高协调性、灵活性、柔韧性、动作速度、反应速度、起动速度以及有氧耐力 3. 培养主动参与体育学习的兴趣、刻苦锻炼的意志品质	提高运控球能力	1. 重点：拨、拉、扣等变向动作 2. 难点：变向、变速、假动作	1. 慢跑、动态拉伸、球性练习 2. 手传球游戏 3. 单人运控球练习 4. 两人一组运控球练习 5. 五对五比赛 6. 体能训练
14	1. 能掌握运球突破的技术，甚至可以熟练运用突破技术 2. 提高协调性、灵活性、柔韧性、动作速度、反应速度、起动速度以及有氧耐力 3. 培养主动参与体育学习的兴趣	提高个人正面运球突破能力	1. 重点：突破时的变向与变速 2. 难点：突破时的变向与变速	1. 慢跑、动态拉伸、球性练习 2. 躲避猎人游戏 3. 一对一练习（消极与积极） 4. 五对五比赛 5. 体能训练
15	1. 通过比赛实战来巩固提高个人进攻的能力，培养分析、判断、迅速反应的综合能力 2. 提高协调性、灵活性、柔韧性、动作速度、反应速度、起动速度以及有氧耐力 3. 培养勇于拼搏、积极进取的精神及团队合作意识	比赛情景下的变向、变速运球	1. 重点：突破时的变向与变速 2. 难点：突破时的变向与变速	1. 变化运球速度（直线、曲线） 2. 变化练习部位（内侧、外侧） 3. 听哨声变化运球方向 4. 变化技术组合 5. 增加防守因素 6. 七人制比赛

续表 6-5

课时	学习目标	教学内容	重点、难点	教学策略
16	1. 通过比赛实战来巩固提高个人进攻的能力，并能根据位置的变化灵活应用 2. 提高灵活性、柔韧性、动作速度、反应速度、起动速度以及有氧耐力 3. 培养互相协作精神，增强集体荣誉感，享受足球运动的乐趣	教学比赛	1. 重点：运球时起动、变向、转身动作迅速 2. 难点：人与球结合紧密，脚下衔接动作快	1. 热身活动 2. 五人制足球比赛 3. 七人制教学比赛
17	1. 介绍技术考核方法 2. 考核项目的专项练习	1. 宣布技术考核的内容和方法	1. 重点：较好地运用运球技术 2. 难点：紧张心理的调适	1. 介绍技术考核的方法和要求 2. 自由组合专项练习 3. 教学比赛、裁判实习
18	1. 选择自己熟练的技术考核 2. 在考核中展示自己的运动能力，并提高自己的自信心	1. 20 米不等距运球绕杆计时考核 2. Z 字形运球绕杆计时考核	重点、难点：调节考试情绪	1. 介绍考核方法和要求 2. 组织技术考核 3. 对考核做简单评述

(四)精选课时教案(表 6-6)

表 6-6　足球(水平四)：脚外侧运球单元第 4 课时教案

<table>
<tr><td>年级</td><td>七年级</td><td>人数</td><td colspan="2">40 人(男 20 人，女 20 人)</td><td>单元课时</td><td>第 4 课时</td></tr>
<tr><td>学习目标</td><td colspan="6">1. 通过学练，基本掌握脚外侧运球的技术要领和动作方法，部分学生熟练掌握脚外侧运球技术动作
2. 提高上肢、腰腹力量和耐力素质，提高灵敏、协调、平衡等身体素质
3. 培养勇于拼搏、顽强的品质</td></tr>
<tr><td rowspan="2">教学内容</td><td colspan="3" rowspan="2">1. 脚外侧运球
2. 体能训练</td><td>重点</td><td colspan="2">脚推拨的动作和触球部位</td></tr>
<tr><td>难点</td><td colspan="2">用力大小与跑速的协调配合</td></tr>
<tr><td>场地器材</td><td colspan="6">足球场 1 块、足球 40 个、标志筒 40 个、标志碟 40 个、球门 8 个、队服 40 件、号码牌 40 个、积分表 1 张、音箱 1 套</td></tr>
</table>

续表 6-6

安全措施	1. 身体不适的同学见习，准备活动充分，防止受伤，不戴金属首饰 2. 提示安全隐患及应对措施，提高安全意识 3. 练习时注意同伴间的间距，避免碰撞 4. 练习后，充分放松
教学流程	课堂常规→热身活动(慢跑+步法练习、球性练习)→复习脚内侧运球(抢球游戏)→体验脚外侧运球→教师讲解与示范→学习脚外侧运球(由慢到快)→分组练习(直线、绕标志碟运球，接力赛，对抗练习)→脚外侧变向运球练习(分层练习)→五人制传、接、运球过球门教学比赛→体能训练(推小车、仰卧起坐、搬运物资游戏)→静态拉伸放松→健康行为和爱国教育→小结评价→布置课后作业→下课

课的结构	达成目标	学习内容	教师活动	学生活动	运动负荷		组织方式
					时间	强度	
学情导入	1. 培养遵守纪律、严谨认真的作风 2. 了解本节课的目标、内容和要求 3. 培养爱国情怀	1. 集合整队，报告人数 2. 师生问好 3. 检查着装，强调安全 4. 宣布本节课的目标和内容 5. 安排见习活动、队列练习	1. 指导集合队伍 2. 师生问好 3. 检查运动着装，强化安全措施 4. 宣布本节课的目标和内容以及课堂要求 5. 安排见习生	1. 体育委员集合整队，清点人数，学生快速集合 2. 向老师问好 3. 检查运动着装 4. 认真听讲 5. 见习生按要求安排活动	1 分钟	小	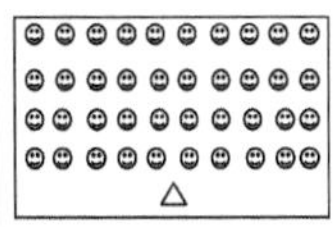
热身活动	1. 了解准备活动的重要性，提高安全意识 2. 热身充分，为下一步学习做准备，预防运动损伤	1. 慢跑+步法练习(慢跑抡臂、前踢腿、后踢腿、高抬腿、侧滑步、交叉步、小步急促跑、左右虚晃、弓箭步上举手) 2. 球性练习(揉、踩、拉、拨球)	1. 播放音乐并指导学生进行慢跑和步法练习 2. 老师指导学生散点进行球性练习，注意抬头观察位置，相互避让	1. 学生根据教师指令进行慢跑和步法练习 2. 学生积极练习，每种球性练习 20 秒	5 分钟	大	1. 慢跑+步法练习 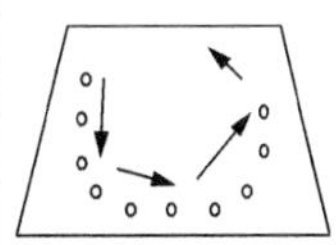 2. 球性练习 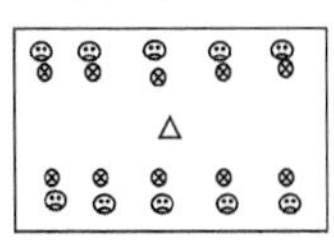

续表 6-6

基本部分	1. 熟练掌握脚外侧运球技术，巩固提高 2. 形成正确的脚外侧运球动作概念，掌握动作技术要领与学练方法 3. 体验成功的快乐 4. 展示过程中达到相互学习和提升动作质量的目的 5. 发展足球技能的运用能力 6. 提高上肢力量和耐力素质，培养勇于拼搏、团结互助的精神	1. 通过抢球游戏（脚内侧运球变向与掩护练习），复习脚内侧运球 2. 体验脚外侧运球，注意支撑脚的位置和触球的部位 3. 学习脚外侧运球技术动作 (1) 单脚练习（一步一带），强调支撑脚在球的侧后方，脚外侧触球后中部 (2) 直线运球，强调运球抬头，人球距离要适宜 (3)绕“0”形和“8”字运球，强调步子小、力量小、重心低 (4) 脚外侧运球接力赛 4. 脚外侧运球过球门比赛（感受脚外侧运球的运用时机） 5. 脚外侧变向运球练习 (1) 单人对标志桶变向运球练习	1. 指导学生复习脚内侧运球，创设情景引出本节课内容 2. 带领学生体验脚外侧运球 (1) 提出问题，播放视频，巡回观察 (2) 教师讲解与示范 3. 指导学生学习脚外侧运球技术动作 (1) 指导学生用手出数字，运球学生报数，引导学生抬头观察周围 (2) 指导学生相互帮扶，巡回指导 (3) 组织游戏，做好裁判工作 4. 脚外侧运球过球门比赛 (1) 讲规则，巡回指导与观察，鼓励学生勇于拼搏 (2) 小结，提醒学生多采用直线和变向运球 5. 指导学生进行脚外侧变向运球练习 (1) 引导学生进行变向运球 (2) 分层教学，巡回指导 6. 五人制传、接、运球禁区内运球过球门线比赛 (1) 讲规则	1. 复习脚内侧运球。积极参与游戏，感受足球的乐趣，根据老师提示尝试练习，注意安全 2. 体验脚外侧运球 (1) 观看视频，积极讨论后体验练习，认真感受，积极思考，得出结论 (2) 在教师讲解与示范的过程中，认真听讲，积极思考，仔细观察老师的动作 3. 学习脚外侧运球技术动作 (1) 单人左、右脚慢速度练习 (2) 两人一组，直线运球练习，运球时注意抬头看队友的手，报数字 (3) 两人一组绕“0”形和“8”字运球练习，优秀学生展示，小组内进行帮扶学习 (4) 积极参与游戏，小队长计分	29 分钟	大	1. 复习脚内侧运球 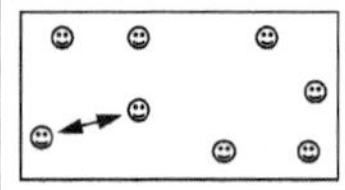 2. 体验脚外侧运球  3. 学习脚外侧运球技术动作 (1) 单人左、右脚慢速度练习 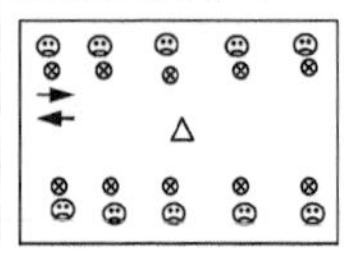 (2) 人一组，直线运球练习 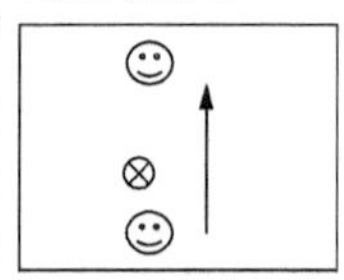 (3) 两人一组绕“0”形和“8”字运球练习 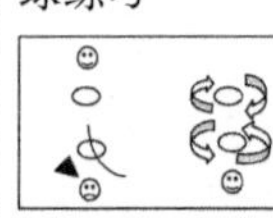 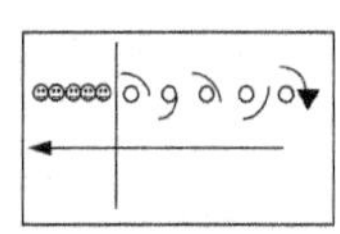

续表 6-6

基本部分		(2)一对一消极防守练习、一对一积极防守练习 6. 五人制教学比赛 7. 体能练习 (1)两人一组推小车 (2)两人一组仰卧起坐 (3)五人一组搬运货物	(2)强化足球礼仪观念 (3)巡回观察，语言引导学生大胆突破，提示安全事项 7. 体能练习 (1)带领学生进行体能练习 (2)做好监督工作	4. 脚外侧运球过球门比赛 (1)遵守规则，感受脚外侧运球的运用时机，勇于拼搏，注意安全 (2)小结，展示脚外侧变向运球 (3)小组长计分 5. 脚外侧变向运球练习 (1)单人变向运球练习 (2)两人一球，一对一防守练习，运球者做变向运球，防守者做消极(或积极)堵截 6. 五人制传、接、运球禁区内运球过球门线比赛 (1)按规则进行比赛 (2)讲足球礼仪 (3)勇于拼搏，相互呼应，分享成功的喜悦 (4)小组长计分 7. 体能练习 (1)动作规范，按质按量完成，坚持不懈 (2)分享胜利的喜悦 (3)小队长计分	29分钟	大	4. 脚外侧运球过球门比赛 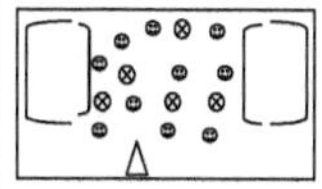 5. 脚外侧变向运球练习 (1)单人变向运球练习 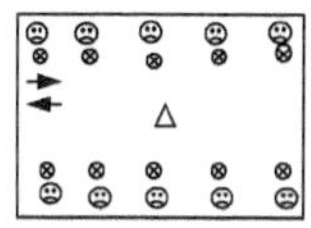 (2)两人一球，一对一防守练习 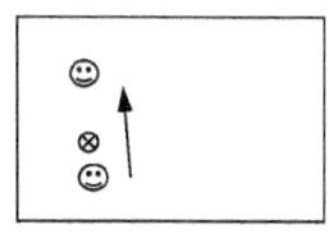 6. 五人制传、接、运球禁区内运球过球门线比赛 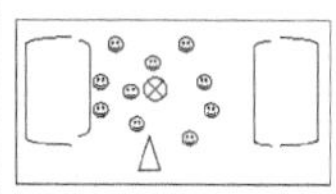 7. 体能练习 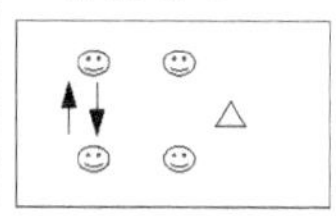 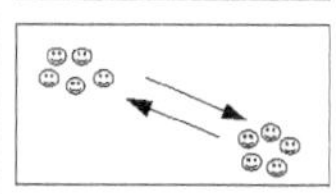

续表 6-6

结束部分	1. 学会放松，调整情绪，放松身心 2. 养成良好的运动习惯 3. 评价练习态度、效果	1. 静态拉伸操 2. 总结 3. 布置课后作业 4. 回收器材，下课	1. 带领学生进行放松活动 2. 引导学生交流感受，总结本节课学习情况，颁发奖励卡 3. 布置课后作业，对学生进行健康行为教育和爱国教育 4. 布置学生回收器材，下课	1. 学生积极做好静态拉伸操 2. 认真听，并自评，分享一起努力的喜悦 3. 体育委员和同学回收器材	5 分钟	小	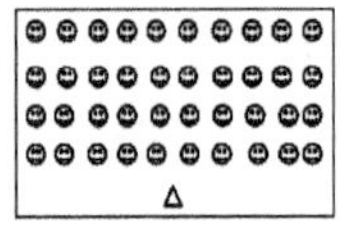
练习密度		55%~65%以上		平均心率	140~160 次/分		
预计运动心率曲线图	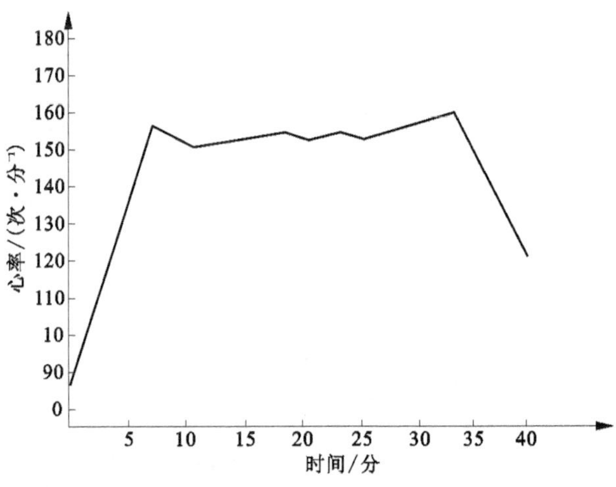						
课后作业	1. 熟练运用运球技术 2. 一对一、一对二防守练习 3. 看一场足球比赛						

续表 6-6

课后反思	本节课以学生发展为中心，注重学生的主体地位，让学生在玩中学、学中练的过程中体验到成功的喜悦，提高了运动技能，促进了学生的身体全面发展。课中教师用语言肯定学生的努力付出，注重培养学生专注练习的学习态度，团结合作、勇于拼搏的品质。在练习中，运用多媒体播放视频，进行直观教学。注重技能学习，强调规则意识、足球礼仪文化和爱国情怀的教育，合理采用意境设疑、启智引导、示范模仿、评价激励等方法，做到以情激趣、以趣促动、以动促学，引导学生从直观认识到身体感知，从对动作方法了解到实践感悟，主动进行合作探究学习，提高协调、灵敏、反应、速度等素质，促进运动技能进一步提升。本节课的不足之处如下： 1. 教师对学生的语言激励还不到位，应掌握好激励的时机，不断地激发学生的兴奋点 2. 教师对学生的关注度还需提高，个别学生出现错误动作时，没有及时纠正，致使个别学生出现练习不认真现象 3. 课中学生练习的衔接不够紧密，应该多想组织手段，增加学生触球练习的密度，提高学生练习的兴趣

四、足球(水平四)：脚内侧传接球技术组合单元

(一)学情分析

本单元的授课对象为初一年级学生，足球是他们比较喜爱的一项运动。他们活泼好动并且具备独立思考和概括能力。在足球基本技术的掌握上，学生存在着较大的差异，有的学生从未接触过足球，没有足球基础，但大部分学生接触过足球，都有一定的基础。大部分男生有着较高的基础，比较热爱足球运动，参与程度比较高；女生相对基础较弱，但是对学习足球技术动作特别感兴趣。因此，可以运用分层教学，关注每个学生在技术上的差异。教学中要给学生提供再认识所学知识以及合理运用所学技术动作的机会，加强同伴间的合作探究以及小组展示，从而增强教学效果，达成教学目标。

(二)教学目标

(1)学生了解和掌握足球的基本知识，加强对足球运动的兴趣。

(2)学生通过足球脚内侧传接球的学、练，掌握这一基本传接球技术，并能学以致用。

(3)学生提高速度、力量、协调等身体素质，提高体能。

(4)学生通过足球分组练习、游戏比赛等形式，在学、练、玩中培养自主、合作、探究的学习能力，提高团队合作精神。

(三)单元教学计划(表 6-7)

表 6-7　足球(水平四)：脚内侧传接球技术组合单元教学计划

课时	学习目标	教学内容	重点、难点	教学策略
1	1. 加强对脚内侧传接球技术的掌握 2. 通过传球进门的游戏，提高积极性	1. 踢固定球练习 2. 上步踢固定球练习 3. 两两停球对传 4. 两两不停球对传	1 重点：支撑脚的站位和动作要领 2 难点：支撑与击球动作协调发力	1. 脚内侧踢固定球练习 2. 脚内侧上步踢固定球练习 3. 两两停球对传 4. 两两不停球对传 5. 游戏：传球进门
2	1. 熟悉球性、提高球感 2. 加强对前迎后撤动作的掌握	1. 球性练习 2 复习脚内侧传接球动作 3. 两两距离 5 米脚内侧传接球	1. 重点：迎球与后撤 2. 难点：传球时对力量和方向的把控	1. 两人脚内侧传接球练习 2. 游戏：两人连续脚内侧传接球比赛
3	1. 初步建立足球脚内侧传接球的概念，基本掌握脚内侧传接球的要领及要求 2. 初步掌握、运用脚内侧传接球技术 3. 培养自主、合作、探究的学习能力，提高团队合作精神	脚内侧传接球	1. 重点：迎球动作 2. 难点：后撤时机的掌握	1. 两人脚内侧传接球练习 2. 游戏：传接球
4.	1. 加强对脚内侧传接球技术的掌握 2. 提高灵敏素质 3. 提高配合能力	1. 脚内侧传接球练习 2. 四角传接球 3. 两人传接球并射门	1. 重点：支撑脚的站位 2. 难点：传球时对力量和方向的掌握	1. 四人脚内侧传球练习 2. 四角传球 3. 游戏：运球跑动与得分
5	1. 加强对脚内侧传接球技术的掌握 2. 检测对脚内侧传接球动作技术的掌握程度	考核：两人连续传接球并射门	重点、难点：合理调适考试时的紧张心理	1. 做好准备活动 2. 教师介绍考核标准与要求 3. 分组测试 4. 记录学生成绩

(四)精选课时教案(表 6-8、表 6-9)

表 6-8　足球(水平四):脚内侧传接球技术组合单元第 3 课时教案

<table>
<tr><td>年级</td><td>七年级</td><td>人数</td><td colspan="2">40 人(男 20 人,女 20 人)</td><td colspan="2">单元课时</td><td>第 3 课时</td></tr>
<tr><td>学习目标</td><td colspan="7">1. 初步建立足球脚内侧传接球的概念,基本掌握脚内侧传接球的要领及要求
2. 初步掌握、运用脚内侧传接球技术
3. 培养自主、合作、探究的学习能力,提高团队合作精神</td></tr>
<tr><td rowspan="2">教学内容</td><td colspan="3" rowspan="2">脚内侧传接球</td><td>重点</td><td colspan="3">迎球动作</td></tr>
<tr><td>难点</td><td colspan="3">后撤时机的掌握</td></tr>
<tr><td>场地器材</td><td colspan="7">足球场 1 块、足球 40 个、标志筒 40 个、小球门 6 个、队服 40 件、音箱 1 套</td></tr>
<tr><td>安全措施</td><td colspan="7">1. 安排见习生,充分准备活动
2. 提示安全隐患
3. 练习时注意相互间的安全间距,做好碰撞后的自我保护
4. 课后及时放松与恢复</td></tr>
<tr><td>教学流程</td><td colspan="7">课堂常规→慢跑、足球操和球性练习→脚内侧传接球(学)→分组分层进行传接球练习(练)→结合体能训练的游戏(赛)→放松操→总结评价</td></tr>
<tr><td rowspan="2">课的结构</td><td rowspan="2">达成目标</td><td rowspan="2">学习内容</td><td rowspan="2">教师活动</td><td rowspan="2">学生活动</td><td colspan="2">运动负荷</td><td rowspan="2">组织方式</td></tr>
<tr><td>时间</td><td>强度</td></tr>
<tr><td>学情导入</td><td>1. 培养严于律己、服从指挥的作风
2. 明确本节课的学习目标、内容和要求</td><td>1. 集合整队
2. 布置本节课学习目标、内容和要求</td><td>1. 教师向学生问好
2. 宣布本节课学习目标、内容和要求
3. 安排见习生</td><td>1. 体育委员整队,检查人数,并向老师汇报
2. 向老师问好,认真听讲,明确本节课的学习目标、内容和要求
3. 注意安全,有序活动</td><td>2 分钟</td><td>小</td><td>×××××××××
×××××××××
×××××××××
×××××××××
▲</td></tr>
</table>

续表 6-8

热身活动	1. 认识准备活动的重要性，提高安全意识 2. 充分热身，为进一步学习做准备，并预防运动损伤	1. 热身活动：绕篮球场慢跑，之后做足球操 2. 球性练习 （1）双脚交替踩球 （2）双脚前后左右拉球 （3）双脚左右捣球	1. 组织并带领学生一起慢跑 2. 语言提示学生，跟着教师的动作和音乐的节奏一起做足球操 3. 教师讲解球性练习的方法，并示范动作 4. 组织学生进行练习，巡视课堂，循环指导学生	1. 大家一起动起来，在愉快、欢乐氛围中跟着老师做热身活动，充分活动开相关韧带、肌肉和关节，提高身体兴奋性，预防运动损伤，激发学习兴趣 2. 按照老师要求进行练习	12 分钟	大	1. 热身活动 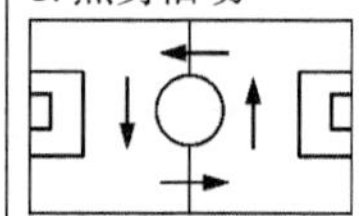 2. 球性练习 
基本部分	1. 学习脚内侧传球技术（建立正确的动作概念，掌握动作技术要领与学练方法） 2. 在分层教学中，体验成功的快乐 3. 提高足球技能的运用能力	1. 学习脚内侧传接球技术（学） 2. 分组分层进行传接球练习（练） 3. 结合体能训练进行定时射门赛（赛）	1. 提出要求，引导学生分组进行自主探究、学习脚内侧传接球技术并巡回指导 2. 引导学生相互合作、探讨自学方法，组内展示学习成果并评价 3. 根据学生练习情况，引导学生进行组内分组分层练习，增加练习的难度、改进练习方式。教师巡视指导学生练习 4. 组织结合体能训练的定时射门赛，鼓励学生愉快积极地参与到游戏中去	1. 小组长组织组员，根据教师提供的图解研究脚内侧传接球技术要领 2. 根据教师要求进行小组练习，体验足球脚内侧传接球的站位、击球部位和协调发力 （1）踢固定球练习或无球模仿练习 （2）两人一组一传一停练习 3. 分组分层练习（技术提高） （1）三人、四人、五人等多角度原地、跑动中传接球练习 （2）抢球游戏或创新其他练习方法 4. 结合体能训练进行定时射门赛，组员团结努力、合作，相互加油，力争第一	22 分钟	中	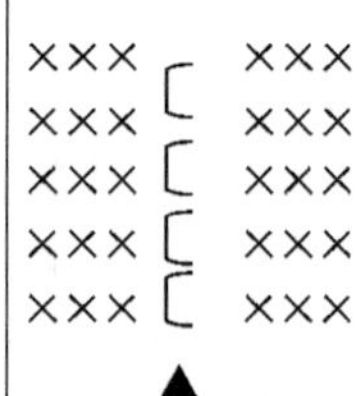

续表 6-8

结束部分	1. 学会放松，调整情绪，放松身心 2. 练习态度、效果评价	1. 做放松操 2. 总结评价，下课	1. 教师带领学生跟着音乐一起做放松操 2. 教师总结评价本节课的学习情况，布置课后任务 3. 收器材，布置作业，师生再见	1. 学生跟着教师做放松操，动作舒展，身心放松 2. 认真听教师总结，值日生收器材，下课	4 分钟	小	××××××××× ××××××××× ××××××××× ××××××××× ▲
练习密度		55%±5%		平均心率	140~160 次/分		
预计运动心率曲线图	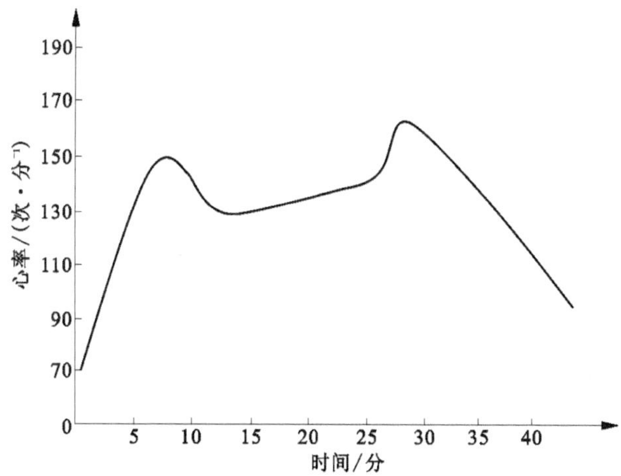						
课后作业	1. 熟练对墙面用脚内侧传球并接住反弹球 2. 观看 20 分钟足球比赛，并分析场上双方球员的传球技术						
课后反思	教学时通过足球热身操，激发学生对脚内传接球的兴趣。在教师恰如其分的引领下，小组复习探究脚内侧传接球技术。在练习中还采取不同方式、不同要求让不同程度的学生得到不同的发展。在比赛游戏中，随着准确性的不断提高，学生充分体验到成功的乐趣。在学生能较好地掌握脚内传接球技术后，教师还组织学生进行脚内传接球小组展示，让学生大胆地尝试、探索，充分发挥学生的聪明才智。整节课的教学设计紧紧围绕“兴趣”，而不是“技术”，将枯燥的技术学习变成“玩”中学。但是有些学生不能很好地理解动作的完整概念，这就导致球往往不能传到预定位置。鉴于这些错误的发生，教师让学生及时暂停，再次讲解示范，鼓励学生大胆练习，取得了很好的效果。这节课也有不足之处，基础较弱的学生的练习密度不一定能达到预期效果，希望通过单元教学，让学生打牢基本功，这样才能达到学习目标						

表 6-9　足球(水平四)：脚内侧传接球技术组合单元第 4 课时教案

<table>
<tr><td>年级</td><td>七年级</td><td>人数</td><td colspan="2">40 人(男 20 人，女 20 人)</td><td colspan="2">单元课时</td><td>第 4 课时</td></tr>
<tr><td>学习目标</td><td colspan="7">1. 加强对脚内侧传接球技术的掌握
2. 提高灵敏素质
3. 提高配合能力</td></tr>
<tr><td rowspan="2">教学内容</td><td colspan="3" rowspan="2">1. 脚内侧传接球练习
2. 四角传接球
3. 两人传接球并射门</td><td>重点</td><td colspan="3">支撑脚的站位</td></tr>
<tr><td>难点</td><td colspan="3">传球时对力量和方向的掌握</td></tr>
<tr><td>场地器材</td><td colspan="7">足球场 1 块、足球 40 个、标志筒 40 个、小球门 6 个、队服 40 件、音箱 1 套</td></tr>
<tr><td>安全措施</td><td colspan="7">1. 安排见习生，充分做好准备活动
2. 提示安全隐患
3. 练习时注意相互间的安全间距，做好碰撞后的自我保护
4. 课后及时放松与恢复</td></tr>
<tr><td>教学流程</td><td colspan="7">课堂常规→足球操→小组复习探究脚内侧传接球→分层复习脚内侧传接球→小组展示→游戏“攻城略地”→结束部分</td></tr>
<tr><td rowspan="2">课的结构</td><td rowspan="2">达成目标</td><td rowspan="2">学习内容</td><td rowspan="2">教师活动</td><td rowspan="2">学生活动</td><td colspan="2">运动负荷</td><td rowspan="2">组织方式</td></tr>
<tr><td>时间</td><td>强度</td></tr>
<tr><td>学情导入</td><td>1. 培养严于律己、服从指挥的作风
2. 明确本节课的学习目标、内容和要求</td><td>1. 集合整队
2. 布置本节课学习目标、内容和要求</td><td>1. 老师向学生问好
2. 检查服装
3. 宣布本节课学习目标、内容和要求
4. 安排见习生</td><td>1. 体育委员整队，检查人数，并向老师汇报
2. 向老师问好，认真听讲，明确本节课的学习目标、内容和要求</td><td>3 分钟</td><td>小</td><td>○○○○○○○○○○○
○○○○○○○○○○○
○○○○○○○○○○○
○○○○○○○○○○○
△</td></tr>
</table>

续表 6-9

<table>
<tr><td>热身活动</td><td>1. 充分热身，活动关节，确保运动安全
2. 思想集中，为后续学习做好心理和生理上的准备</td><td>1. 动态慢跑
2. 原地足球操
（1）双脚交替踩球
（2）前后推拉球
（3）脚内侧拨球与拉球
（4）脚外侧拨球与拉球</td><td>1. 组织并带领学生一起慢跑
2. 通过音乐和口令带领学生做足球操</td><td>1. 慢跑
2. 跟随音乐和教师口令认真做足球操</td><td>5 分钟</td><td>中</td><td>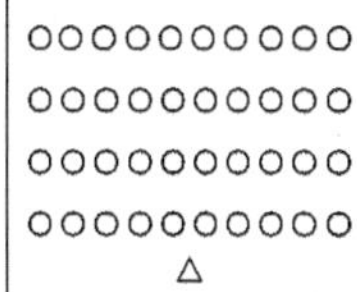</td></tr>
<tr><td>基本部分</td><td>1. 深刻理解脚内侧传接球的动作要领，对重难点有更加确切的认识
2. 强化对脚内侧传接球技术的运用，加强对这项技术的掌握
3. 在掌握脚内侧传接球动作要领后，进行大胆尝试与练习，展示自我，反馈练习情况，认真思考</td><td>1. 小组复习脚内侧传接球
（1）小组内根据上节课学习内容进行探究
（2）教师抽查复习情况并强调动作要领（踢球时，支撑脚足尖与出球方向一致，踢球腿屈膝外展。踢球后中部接球时，接球腿提膝外展，脚内侧正对来球接球）
2. 分层复习脚内侧传接球
（1）三角形相互传接球练习(C 层次学生以 3 人为一个小组，站位形成三角形，3 人间相互传接球)</td><td>1. 小组复习脚内侧传接球
（1）教师安排各小组复习探究
（2）教师巡回指导各小组进行探究
（3）教师对学生探究情况进行抽查
（4）教师通过正面示范来强调动作要领
2. 分层复习脚内侧传接球
（1）教师讲解练习要求
（2）教师通过语言鼓励学生，激励学生大胆挑战
（3）组织学生开展三角形相互传接球练习
（4）组织学生分组开展小组间面对面传接球后跑动练习</td><td>1. 小组复习脚内侧传接球
（1）按照老师的安排，迅速进行复习探究
（2）听从小组长安排，认真探究
（3）主动思考
(4)观察、模仿、学习技术动作
2. 分层复习脚内侧传接球
（1）认真听讲
（2）克服害怕失误心理，积极参与
（3）根据教师的布置与安排，自觉进行练习
（4）认真练习
（5）主动与同学交流探索
（6）老师指出错误后及时改正</td><td>27 分钟</td><td>中</td><td>1. 小组复习脚内侧传接球
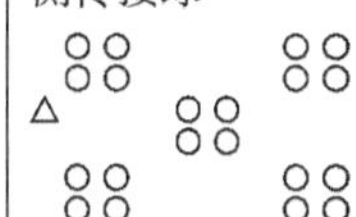
2. 三角形相互传接球练习

3. 面对面传接球后跑动练习
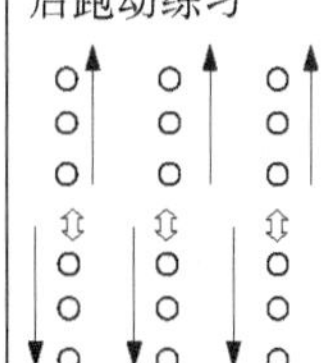</td></tr>
</table>

续表 6-9

基本部分	4. 通过游戏形式再次强化对脚内侧传接球技术的理解和运用，增强对这项技术动作的掌握，提高继续学习足球技术的热情	（2）面对面传接球后跑动练习(B层次学生分为两边，传接球后跑动练习，将球踢至对面后加速跑至对面队尾) （3）固定防守（标志筒）二过一传接球练习(A层次学生以2人为一个小组，相距10米左右，进行二过一配合传接球练习) 3. 小组展示 （1）小组讨论展示内容 （2）各组展示 4. 游戏“攻城略地”[以小组为单位，分为两边进行组内竞争，一边的同学用脚内侧传接球技术将球射向球门（标志筒），同时另一边的同学快速跑向球门设法将球挡下，若球进门则射门方得1分，反之防守方得1分，一次射门后攻防交换，得分多的为胜]	（5）组织学生开展固定防守二过一传接球练习 （6）鼓励学生积极练习 （7）教师巡回指导，个别纠错 3. 教师安排各小组进行小组展示 4. 游戏“攻城略地” （1）教师讲解游戏规则和游戏中需要注意的事项 （2）教师组织学生以小组为单位进行游戏 （3）教师监督游戏过程中是否出现违规	3. 小组展示 （1）积极讨论展示内容 （2）主动展示 4. 游戏“攻城略地” （1）仔细听教师讲解游戏的规则 （2）按照教师的安排开始游戏 （3）游戏过程中遵守规则 （4）情绪高涨，积极主动地参与游戏	27分钟	中	4. 固定防守二过一传接球练习 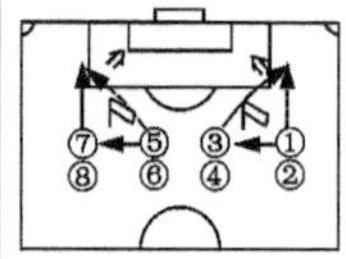 5. 游戏“攻城略地” 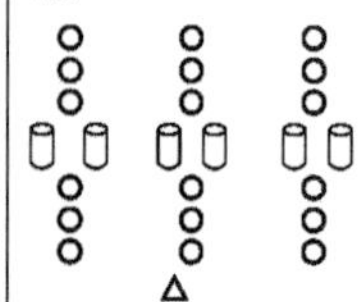

续表 6–9

结束部分	进行身心放松，以降低运动带来的肌肉疲劳反应	1. 集合整队 2. 牵拉放松 3. 课后小结 4. 布置作业 5. 师生再见	1. 集合整队 2. 带领学生跟随音乐进行静态牵拉放松 3. 总结评价 4. 布置作业，安排值日生归还器材	1. 在教师的带领下，跟随音乐充分放松 2. 小组互评 3. 自我小结	5 分钟	小	○○○○○○○○○○ ○○○○○○○○○○ ○○○○○○○○○○ ○○○○○○○○○○ △
练习密度		50%±5%		平均心率	140~160 次/分		
预计运动心率曲线图		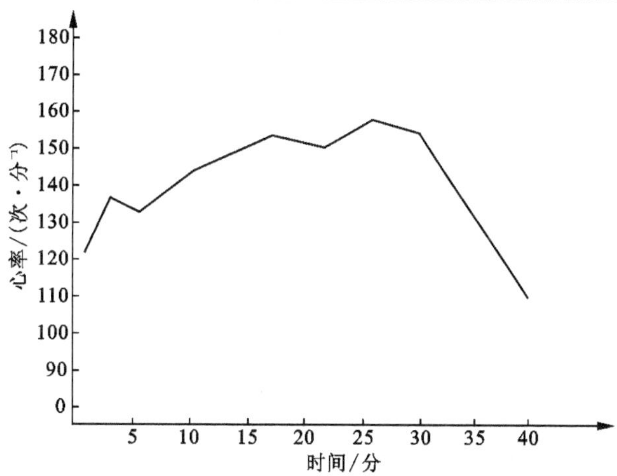					
课后作业		观看国内与国外足球比赛视频各 20 分钟，并统计出比赛中二过一并完成射门的次数，对比国内与国外比赛运用该技术的差异					
课后反思		教学时通过足球热身操，激发学生对脚内传接球的兴趣。在教师恰如其分的引领下，小组复习探究脚内侧传接球技术。在练习中还采取不同方式、不同要求让不同程度的学生得到不同的发展。在比赛游戏中，随着准确性的不断提高，学生充分体验到成功的乐趣。在学生能较好地掌握脚内传接球技术后，教师还组织学生进行脚内传接球小组展示，让学生大胆地尝试、探索，充分发挥学生的聪明才智。整节课的教学设计紧紧围绕“兴趣”，而不是“技术”，将枯燥的技术学习变成“玩”中学。但是有些学生不能很好地理解动作的完整概念，这就导致球往往不能传到预定位置。鉴于这些错误的发生，教师让学生及时暂停，再次讲解示范，鼓励学生大胆练习，取得了很好的效果。这节课也有不足之处，基础较弱的学生的练习密度不一定能达到预期效果，希望通过单元教学，让学生打牢基本功，这样才能达到学习目标					

五、足球(水平四):斜传直插二过一技术单元

(一)学情分析

本单元授课对象为八年级学生,本阶段的学生身体素质处于发育的“敏感期”,自尊心、好胜心强,乐于表现,但学生存在个体差异,足球意识和对比赛的理解较差,女生掌控球的能力稍弱,学习中会有畏难情绪。学生能够掌握足球的单项技术,但比赛中大部分情况下需要运用组合技术。本单元通过学、练、赛教学模式,帮助学生学以致用,从而突破重难点,达成教学目标,使学生在展示自我、合作学习的实践中感受到体育运动带来的成就感。

(二)教学目标

(1)通过单元的系统、完整的教学,学生掌握足球的各种动作技术及其组合,并能在生活或者各类比赛中运用;了解相关的动作原理与裁判知识;提高速度、爆发力、柔韧、协调性、平衡性等。

(2)通过自主、合作与探究性学习,学生能够掌握安全运动的方法与技能;通过合理的分组、差异化的内容安排及过程性考核或检查要求,学生强化合作意识与适应能力。

(3)在学习中设置由简单到复杂的教学情境,学生培养顽强拼搏、积极向上的体育精神,培养尊重对手、爱护同伴等优良体育品格。

(三)单元教学计划(表6-10)

表6-10 足球(水平四):斜传直插二过一技术单元教学计划

课时	学习目标	教学内容	重点、难点	教学策略
1	1.运动能力:熟练掌握拖、拉等组合控球技能,提高速度、灵敏素质 2.健康行为:积极主动参与练习和比赛,养成良好的体育锻炼习惯 3.体育品德:在学习过程中顽强拼搏,积极进取,明确自己的学习目标	1.结构化运动知识和技能:复习脚底踏球、脚内侧横拨球、单脚横拉球、脚掌脚背拉推球等控球技术 2.体能训练:折返跑、波比跳、俄罗斯转体、绳梯步伐练习 3.展示与比赛:运球比赛	1.重点:球性练习 2.难点:左右脚灵活运用	1.讲解示范 2.组织学生进行练习 3.行进间多方向推、拨球练习 4.行进间多方向拖、拉球练习 5.对学生进行巡回指导 6.组织比赛

续表 6-10

课时	学习目标	教学内容	重点、难点	教学策略
2	1. 运动能力：了解行进间脚内侧踢球的动作方法，掌握支撑、摆腿、击球动作要点，提升传球力量、方向和准确性等 2. 健康行为：积极主动参与练习和比赛，养成良好的体育锻炼习惯 3. 体育品德：培养吃苦耐劳、团结协作品质	1. 结构化运动知识和技能：行进间脚内侧踢球；传切配合过人 2. 体能训练：折返跑、波比跳、俄罗斯转体、绳梯步伐练习 3. 展示与比赛：三对三比赛	1. 重点：脚内侧击球部位与支撑脚站位 2. 难点：髋关节与踝关节的协调用力	1. 讲解示范 2. 组织两人进行练习 3. 四人传切结合射门练习 4. 组织比赛 5. 提高体能 6. 组织学生放松
3	1. 运动能力：了解行进间脚内侧运球的正确动作，掌握抬头观察、急运急停动作要点，提升快速决断和变向运球的技能 2. 健康行为：积极主动参与练习和比赛，养成良好的体育锻炼习惯 3. 体育品德：在学习过程中顽强拼搏，积极进取，明确自己的学习目标	1. 结构化运动知识和技能：行进间脚内侧运球；边路进攻 2. 体能训练：俯卧撑、跨步跳、运球折返跑、800 米跑 3. 展示与比赛：个人展示	1. 重点：运球脚与球接触的部位 2. 难点：触球力度与抬头观察时机	1. 讲解示范 2. 标志碟间快速运球练习 3. 标志碟间急运急停练习 4. 边路进攻二抢三 5. 提高体能 6. 组织学生放松

续表 6–10

课时	学习目标	教学内容	重点、难点	教学策略
4	1. 运动能力：了解行进间脚内侧传地滚球动作方法，掌握推、敲两种踢球方法，提升寻找空当和精确传球技能 2. 健康行为：积极主动参与学练和比赛，养成良好的体育锻炼习惯 3. 体育品德：在学习过程中顽强拼搏，积极进取，明确自己的学习目标	1. 结构化运动知识和技能：行进间脚内侧传接地滚球；抢球直塞球 2. 体能训练：俯撑单手拨球、仰卧屈膝绕球、仰卧屈膝左右放球、两人俯撑滚球、持球弓步跳、高抬腿膝盖触球 3. 展示与比赛：分层分组比赛	1. 重点：传地滚球的触球部位 2. 难点：击球部位的用力方向	1. 教师讲解示范与学生自主、合作学习有机结合 2. 组织学生练习 3. 组织学生比赛 4. 提高体能 5. 组织学生放松
5	1. 运动能力：了解直传斜插二过一战术目的、传球和跑动路线，掌握积极跑位接应动作要点。在学、练、赛、体能练习中提高速度、灵敏、协调等身体素质 2. 健康行为：掌握运动前后的热身和放松方法，养成良好的预防运动损伤习惯 3. 体育品德：培养学生积极进取，勇敢拼搏，遵守规则，正确的胜负观，团结协作的体育品德	1. 结构化运动知识和技能：行进间脚内侧传接球；直传斜插二过一 2. 体能训练：深蹲跳、开合跳、运球折返跑、800 米跑 3. 展示与比赛：个人展示	1. 重点：理解直传斜插二过一战术的运用场景 2. 难点：协同完成战术	1. 讲解示范 2. 组织学生练习直传斜插二过一、直传斜插二过一结合运球和射门 3. 组织学生展示 4. 提高体能 5. 组织学生放松

续表 6-10

课时	学习目标	教学内容	重点、难点	教学策略
6	1. 运动能力：了解脚背正面踢球动作特点，明白“绷脚尖”的作用，掌握抬、摆、踢动作和身体姿势的要领 2. 健康行为：积极主动参与练习和比赛，养成良好的体育锻炼习惯 3. 体育品德：在学习过程中顽强拼搏，积极进取，明确自己的学习目标	1. 结构化运动知识和技能：脚背正面踢球；二打一接射门 2. 体能训练：俯卧撑、开合跳、俄罗斯转体、800 米跑 3. 展示与比赛：一对一比赛	1. 重点：绷脚尖摆动击球 2. 难点：击球重心的稳定性	1. 原地踢固定球练习 2. 移动中接同伴球后踢球练习（升级：尝试多角度传接后踢球，体验差异性） 3. 两宫格二打一长传接球转换练习 4. 中路、边路二打一射门练习
7	1. 运动能力：了解防守时“压迫”的原则和方法，掌握逼、围、抢等防守要点，提升个人和协同防守的能力 2. 健康行为：积极主动参与练习和比赛，养成良好的体育锻炼习惯 3. 体育品德：在学习过程中顽强拼搏，积极进取，明确自己的学习目标	1. 结构化运动知识和技能：盯人、协同防守；背套 2. 体能训练：折返跑、波比跳、俄罗斯转体、绳梯步伐练习 3. 展示与比赛：个人展示	1. 重点：压迫防守的原则与方法 2. 难点：协同防守的任务分工	1. 讲解示范 2. 两人一组开展“撕名牌”游戏 3. 两人一组攻防练习（升级：增减防守区域，调整防守强度） 4. 教师巡回指导、集中纠错 5. 组织比赛，给予反馈

续表 6-10

课时	学习目标	教学内容	重点、难点	教学策略
8	1. 运动能力：结合运球脚外侧运球动作的结构特征，了解脚外侧运球动作要领，掌握脚外侧运球拨控技术，提升变向运球技能 2. 健康行为：积极主动参与练习和比赛，养成良好的体育锻炼习惯 3. 体育品德：在学习过程中顽强拼搏，积极进取，明确自己的学习目标	1. 结构化运动知识和技能：脚外侧运球、运球突破；局部进攻 2. 体能训练：折返跑、开合跳、俄罗斯转体、绳梯步伐练习 3. 展示与比赛：个人展示	1. 重点：不同脚法运球的技术 2. 难点：不同场景下灵活运用各种脚法运球技术	1. 讲解示范 2. 两人一组进行四边形运球练习 3. 两人一组，运球绕不规则多边形练习 4. 教师巡回指导、集中纠错 5. 组织比赛，给予反馈
9	1. 运动能力：了解脚外侧踢球动作方法和在比赛中的作用，熟练掌握脚外侧踢球助跑、支撑、小腿快速摆动和踝关节紧锁技术 2. 健康行为：积极主动参与练习和比赛，养成良好的体育锻炼习惯 3. 体育品德：在学习过程中顽强拼搏，积极进取，明确自己的学习目标	1. 结构化运动知识和技能：脚外侧踢球；局部防守 2. 体能训练：运球折返跑、绳梯练习、800 米跑 3. 展示与比赛：传接球比赛	1. 重点：脚外侧触球部位 2. 难点：助跑、支撑、摆动与触球的连贯性	1. 两人一组踢固定球练习 2. 两人一组行进间踢接球练习 3. 三人一组进行四边形传接球练习 4. “一二一”防守阵型练习 5. 三对三中路局部防守套路演练 6. 组织比赛，给予反馈

续表 6–10

课时	学习目标	教学内容	重点、难点	教学策略
10	1. 运动能力：知道斜传直插的路线、跑动接应、传球时机，掌握传球力度，传球后会迅速启动。在面对防守练习时，能根据防守的站位，运用斜传直插二过一方法越过防守。在学、练、赛、体能练习中，提高速度、耐力、灵敏、协调等身体素质 2. 健康行为：了解斜传直插二过一战术的目的和意义，在运动前后的热身和放松中养成良好的预防运动损伤习惯。在练习中，注意安全距离，防止撞伤或踩球 3. 体育品德：在学、练、赛中体验运动的乐趣和成功的喜悦，遵守规则，形成正确的胜负观，培养团结协作的体育品德	1. 结构化运动知识与技能：斜传直插二过一、斜传直插二过一结合运球和射门 2. 体能训练：踩球、荡球走，变向跑，直线、曲线运球，俯卧横走 3. 展示与比赛：二对二比赛	1. 重点：斜传直插二过一战术的运用原则 2. 难点：传插配合	1. 讲解示范 2. 组织学生练习斜传直插二过一、斜传直插二过一结合运球和射门 3. 组织学生展示 4. 提高体能 5. 组织学生放松

续表 6-10

课时	学习目标	教学内容	重点、难点	教学策略
11	1. 运动能力：了解击球位置对球的速度和线路的影响，掌握脚内侧踢球助跑、支撑、小腿快速摆动和踝关节紧锁、身体重心上提和随后动作的技术，逐步提高踢球的准确性和远度 2. 健康行为：积极参与练习和比赛，养成良好的体育锻炼习惯 3. 体育品德：学习过程中顽强拼搏，积极进取，明确自己的学习目标	1. 结构化运动知识和技能：脚内侧踢球、45°边路传中 2. 体能训练：两头起、深蹲、绳梯步伐练习 3. 展示与比赛：一对一比赛	1. 重点：脚内侧踢球的技术要领 2. 难点：助跑、支撑、摆动、锁踝的协调发力	1. 踢固定球练习（升级：拨球接上一步踢球） 2. 移动中踢球：10 米远、20 米以外 3. 45° 边路传中接控球射门练习 4. 二过一边路进攻接中路队员控球射门练习 5. 教师点评
12	1. 运动能力：了解各种停球的动作方法，熟练掌握脚内侧接球预判、跑动、支撑、缓冲后引等动作技术，提升停控球能力 2. 健康行为：积极主动参与练习和比赛，养成良好的体育锻炼习惯 3. 体育品德：在学习过程中顽强拼搏，积极进取，明确自己的学习目标	1. 结构化运动知识和技能：脚内侧、大腿、胸部、脚外侧停球；下底传中接控球射门 2. 体能训练：俯卧撑、深蹲、800 米跑 3. 展示与比赛：一对一比赛	1. 重点：停球时触球部位 2. 难点：停球在合理的控球范围内	1. 组织学生进行热身 2. 背后运球变向过人、运球转身变向过人、一对一攻防练习 3. 组合技术动作练习 4. 模拟实战比赛 5. 教师点评

续表 6–10

课时	学习目标	教学内容	重点、难点	教学策略
13	1. 运动能力：了解掷界外球规则和动作方法，掌握双手握球和掷臂动作要点，学会头顶球时身体协调发力，提升掷外球远度和能力 2. 健康行为：积极主动参与练习和比赛，养成良好的体育锻炼习惯 3. 体育品德：在练习中，不断尝试，勇于挑战，不惧困难	1. 结构化运动知识和技能：掷界外球、头顶球、二打一接传球第三人 2. 体能训练：俯卧撑、折返跑、绳梯步伐练习 3. 展示与比赛：三对三比赛	1. 重点：掷界外球、头顶球技术要点 2. 难点：身体协调发力	1. 徒手或持球模仿练习 2. 近距离的射门练习 3. 行进间低手练习 4. 教师提示学生技术动作，巡回指导，个别指导 5. 师生评议
14	1. 运动能力：了解踢墙二过一战术特点和线路，掌握一脚出球技能，提升快速传接和局部突破的能力 2. 健康行为：积极主动参与练习和比赛，养成良好的体育锻炼习惯 3. 体育品德：在练习中，不断尝试，勇于挑战，不惧困难	1. 结构化运动知识和技能：传、接、射综合运用；一脚传球；踢墙二过一 2. 体能训练：开合跳、折返跑、绳梯步伐练习 3. 展示与比赛：五对五比赛	1. 重点：踢墙二过一战术的运用原则 2. 难点：跑传配合	1. 讲解示范 2. 近距离练习 3. 行进间练习 4. 教师提示学生技术动作，巡回指导，个别指导 5. 师生评议

续表 6-10

课时	学习目标	教学内容	重点、难点	教学策略
15	1. 运动能力：了解技能考核项目和要求，熟练掌握控、运、传组合技能，提升综合技能应用能力 2. 健康行为：积极主动参与练习和比赛，养成良好的体育锻炼习惯 3. 体育品德：在练习中，不断尝试，勇于挑战，不惧困难	考核项目学习：控球过不同标志碟；运球绕散点杆射门；不同距离标志碟传接球	1. 重点：技术考核 2. 难点：达到评价标准	1. 分小组按要求进行考核 2. 同伴互助或组织比赛
16	1. 运动能力：了解攻防转换时角色变化要求，掌握瞬时反应和快速位移技能，提升攻防转换意识和能力 2. 健康行为：积极主动参与练习和比赛，养成良好的体育锻炼习惯 3. 体育品德：在练习中，不断尝试，勇于挑战，不惧困难	1. 结构化运动知识和技能：足球多元组合技术；攻防转换 2. 体能训练：俯卧撑、弓步跳、绳梯步伐练习 3. 展示与比赛：个人展示	1. 重点：攻防转换战术运用 2. 难点：角色转换、协同合作	1. 徒手或持球模仿练习 2. 近距离练习 3. 教师提示学生技术动作，巡回指导，个别指导 4. 师生评议

续表 6-10

课时	学习目标	教学内容	重点、难点	教学策略
17	1. 运动能力：了解不同场景对抗要求，掌握快速攻防技能要点，提升团队协同作战的能力 2. 健康行为：积极主动参与练习和比赛，养成良好的体育锻炼习惯 3. 体育品德：在练习中，不断尝试，勇于挑战，不惧困难	1. 结构化运动知识和技能："三门球"攻防游戏；区域内快速突破到区域外；分区三对二快速转换练习 2. 体能训练：折返跑、绳梯步伐练习 3. 展示与比赛：五对五比赛	1. 重点：区域攻防转换 2. 难点：区域快速突破	1. 中场五对五接教师传球小组对抗 2. 改变人数，升级到不同位置的小组对抗 3. 教师提示学生技术动作，巡回指导，个别指导 4. 师生评议
18	1. 运动能力：提高对战术的运用，在比赛中学会运用战术，进行综合性的技术练习，培养足球意识 2. 健康行为：积极参与比赛，在比赛中灵活运用所学技术，增强体质，加强同伴间的配合，互相鼓励、互相进步 3. 体育品德：在练习和比赛中，不畏困难，勇于挑战自我	1. 结构化运动知识和技能：各种技战术的有机结合，在比赛中运用自如 2. 体能训练：高抬腿、蛙跳、绳梯步伐练习、800 米跑 3. 展示与比赛：五对五比赛	1. 重点：实战情境技战术运用 2. 难点：合理、协同、快速配合	1. 组织学生比赛 2. 在比赛中指导学生 3. 给予学生反馈 4. 师生评议

(四)精选课时教案(表 6-11)

表 6-11 足球(水平四):斜传直插二过一技术单元第 10 课时教案

<table>
<tr><td>年级</td><td>八年级</td><td>人数</td><td>40 人(男 20 人,女 20 人)</td><td>单元课时</td><td>第 10 课时</td></tr>
<tr><td>学习目标</td><td colspan="5">1. 运动能力:知道斜传直插的路线、跑动接应、传球时机,掌握传球力度,传球后会迅速启动。在面对防守练习时,能根据防守的站位,运用斜传直插二过一方法越过防守。在学、练、赛、体能练习中,提高速度、耐力、灵敏、协调等身体素质
2. 健康行为:了解斜传直插二过一战术的目的和意义,在运动前后的热身和放松中养成良好的预防运动损伤习惯。在练习中,注意安全距离,防止撞伤或踩球
3. 体育品德:在学、练、赛中体验运动的乐趣和成功的喜悦,遵守规则,形成正确的胜负观,培养团结协作的体育品德</td></tr>
<tr><td rowspan="2">教学内容</td><td colspan="3" rowspan="2">1. 结构化运动知识与技能:斜传直插二过一、斜传直插二过一结合运球和射门
2. 体能训练:踩球、荡球走,变向跑,直线、曲线运球,俯卧横走
3. 展示与比赛:二对二比赛</td><td>重点</td><td>斜传直插二过一战术的运用原则</td></tr>
<tr><td>难点</td><td>传插配合</td></tr>
<tr><td>场地器材</td><td colspan="5">足球场 1 块、足球 40 个、标志碟 80 个、音箱 1 套</td></tr>
<tr><td>安全措施</td><td colspan="5">1. 课前对场地、器材进行安全隐患排查,检查学生随身物品,加强安全教育、培养安全意识
2. 安排见习生,充分热身,预防运动损伤
3. 做好课堂管控、合理组织,关注学生练习状态
4. 注意保护帮助与安全防护技能的渗透
5. 熟悉意外事故的应急处理程序</td></tr>
<tr><td>教学流程</td><td colspan="5">课堂常规→专项热身、球性游戏热身→复习传接球→学习斜传直插二过一战术→两人连续→四人斜传直插二过一结合运球和射门→五对五比赛→体能练习→游戏放松→总结评价、布置作业→下课</td></tr>
</table>

<table>
<tr><td rowspan="2">课的结构</td><td rowspan="2">达成目标</td><td rowspan="2">学习内容</td><td rowspan="2">教师活动</td><td rowspan="2">学生活动</td><td colspan="2">运动负荷</td><td rowspan="2">组织方式</td></tr>
<tr><td>时间</td><td>强度</td></tr>
<tr><td>学情导入</td><td>1. 培养严于律己、服从指挥的作风
2. 明确本节课的学习目标、内容和要求</td><td>1. 集合整队
2. 宣布本节课的学习目标、内容和要求
3. 安全教育</td><td>1. 整理队伍,向学生问好,检查人数和服装
2. 宣布本节课的学习目标、内容和要求
3. 安全教育
4. 安排见习生</td><td>向老师问好,认真听讲</td><td>3 分钟</td><td>小</td><td>○○○○○○○○○○○
○○○○○○○○○○○
○○○○○○○○○○○
○○○○○○○○○○○
△</td></tr>
</table>

续表 6-11

热身运动	1. 充分热身，活动关节，确保运动安全 2. 思想集中，为后续学习做好心理和生理上的准备	1. 动态热身 (1)摆臂画圆 (2)左右转体 (3)正踢腿 (4)毽球式踢腿 (5)髋膝踝外展抬腿 (6)高抬腿跑 2. 球性游戏热身 (1)踩球 (2)脚内侧左右荡球 (3)运球游戏比赛	教师领操，激发学生参与热身操的热情	激情参与，认真做好热身运动	5 分钟	中	OOOOOOOOOOO OOOOOOOOOOO OOOOOOOOOOO OOOOOOOOOOO △
基本部分	1. 通过复习，加深对技战术的理解与运用，为进一步学习奠定基础 2. 通过学、练、赛、评等环节，学习本节课的核心技战术，利用循序渐进的手段提高实战能力，通过师生与生生互评，实现技战术运用理解 3. 通过补偿式的体能训练，提高身体对抗能力	1. 复习传接球（传球后移动，队员 3 传给队员 2，队员 4 传给队员 1，队员 3、4 互换位置，再到队员 1 传给队员 4，队员 2 传给队员 3，队员 1、2 互换位置） 2. 学、练、赛、评 (1)学习斜传直插技术动作 (2)两人一组斜传直插练习（队员 2 斜传给队员 1 后直插跑到 A 点接队员 1 的斜传球，以同样的方法回来，队员 1、队员 2 互换位置）	1. 组织学生两人一组复习传接球 2. 讲解和示范斜传直插技术动作 3. 组织学生两人一组练习斜传直插，巡查指导，纠正动作错误的学生，安排优秀学生展示 4. 组织学生四人一组练习斜传直插，提示学生传球时机，巡查指导学生，安排优秀的学生展示	1. 认真复习传接球 2. 认真学习斜传直插技术动作，积极练习，相互学习，主动展示 3. 做出正确的斜传直切技术动作，相互提醒传球时机和跑的路线，配合默契，相互鼓励，互相帮助 4. 注意安全，相互提醒不要踩到球	27 分钟	大	1. 两人一组复习移动中传球 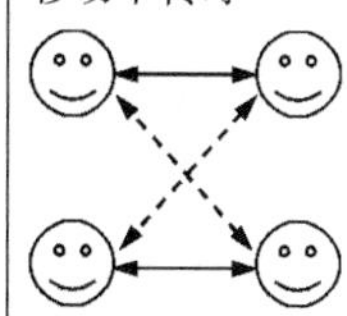 2. 两人一组斜传直插练习 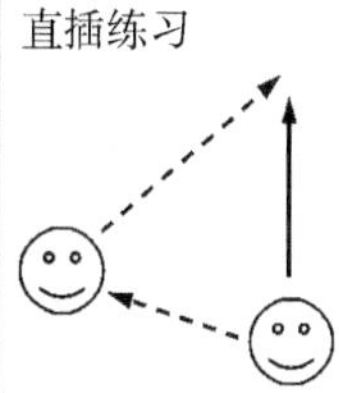

续表 6-11

基本部分		(3)四人一组斜传直切+运球练习(队员1斜传给队员2后直插到A点接队员2的传球后运球到队员3的位置踩球停球，队员3斜传给队员4后直插到A点接队员4的传球后运球到队员1的位置踩球停球，队员1、2、3、4逆时针换位置) (4)四人一组斜传直插+射门练习(队员4防守队员1，队员1把球传给队员2后直插到A点接队员2的传球并射门到队员3的位置，队员1、4互换位置，队员2去防守队员3，队员3把球传给队员4后直插到A点接队员4的传球并射门到队员1的位置，队员2、3互换位置) (5)二对二比赛 3. 体能训练 (1)两人一组俯卧支撑击掌 (2)两人一组仰卧举腿并用脚画圆 (3)原地高抬腿 (4)两人一组俯卧支撑猜拳做俯卧撑(5)两人一组仰卧举腿开合画圆 (6)快速小碎步	5. 分12小组，进行二对二比赛 (1)讲解比赛规则，组织比赛，教师巡查并做裁判 (2)鼓励学生多用斜传直插过人技术，运用斜传直插技术进球的得2分，其他进球的得1分 6. 体能训练 (1)组织学生两人一组听音乐循环进行体能练习 (2)鼓励学生坚持完成	5. 积极参与比赛，正确面对输赢 6. 按要求进行体能训练	27分钟	大	3. 四人一组斜传直插+运球练习 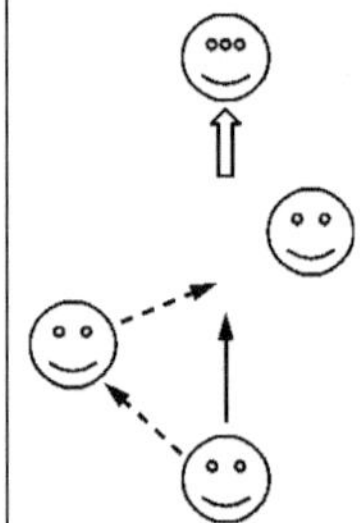 4. 四人一组斜传直插+射门练习 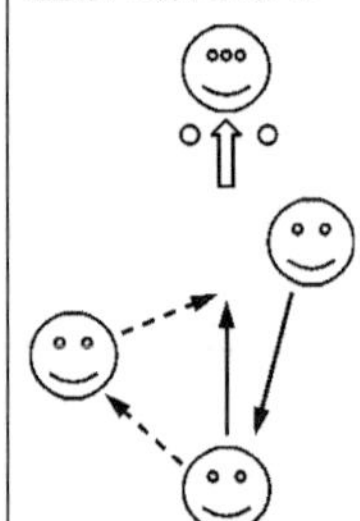 5. 二对二比赛 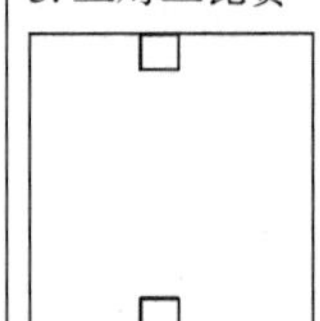 6. 体能训练 

续表 6-11

结束部分	进行身心放松，以降低运动带来的肌肉疲劳反应	1. 放松练习 （1）手脚放松+反应游戏 （2）肩部、腰部、腿部静力拉伸放松 2. 课堂小结，师生再见	1. 讲解游戏规则 2. 领做放松练习 3. 总结评价 4. 布置课后作业 5. 师生再见	1. 积极参加游戏 2. 进行静力拉伸放松练习 3. 积极参与课堂交流与反馈 4. 师生再见	5 分钟	小	○○○○○○○○○○○ ○○○○○○○○○○○ ○○○○○○○○○○○ ○○○○○○○○○○○ △
练习密度		50%±5%		平均心率	140~150 次/分		
预计运动心率曲线图		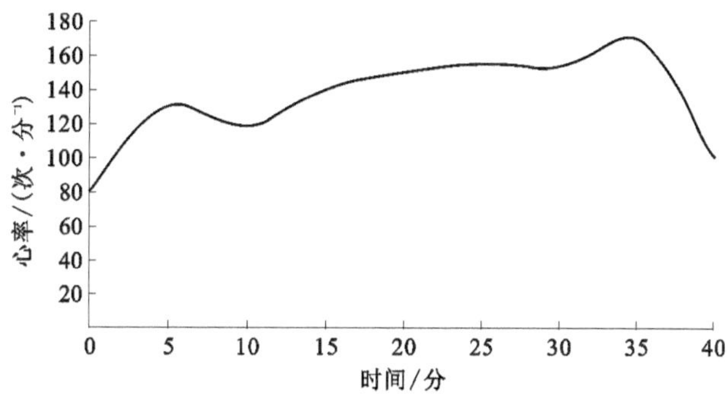					
课后作业		1. 无球模仿踢球练习 3 分钟 2. 对墙踢球 5 分钟 3. 查询足球二过一其他战术					
课后反思		学生在学习技术动作时，教师先让学生进行尝试性了解，然后采取渐进式的教学组织方式逐渐提高难度，由慢到快让学生进行体验性练习，并通过有针对性的讲解和示范，带领学生进行模仿练习。 不足之处：由于本节课学生体能消耗较大，在体能训练环节，学生比较疲劳，体能训练音乐的激发度不够，音乐的选取需要改进，同时教师对学生的语言激励需要加强					

第二节　高中足球教学设计与案例

一、足球(水平五):模块一

(一)学情分析

本模块的授课对象是高二足球选修班的学生。该班学生有较强的思维能力,喜欢竞争,乐于表现,其中有10名校足球队队员,整体足球水平较高,但存在差异,教学中要进行分层,并鼓励学生交流。

(二)教学目标

(1)学生足球技能得到进一步提升,灵敏、速度、协调、力量、耐力等身体素质得到提高。

(2)学生积极参与情境活动和比赛,主动调控情绪,能与同伴沟通协作,在游戏和比赛中培养安全自护和保护他人的意识与能力。

(3)学生自觉遵守规则,尊重他人,顽强拼搏,敢于挑战,具有公平竞争的意识和行为,能正确对待胜负,认真履行职责,勇于担当。

(三)模块教学计划(表6-12)

表6-12　足球(水平五):模块一教学计划

课时	学习目标	教学内容	重点、难点	教学策略
1	1. 了解足球运动的特点和足球运动对身心发展的价值 2. 理解足球模块所学两个动作组合技术的内容 3. 明确技术是战术配合的基础,对学习足球多个组合动作技术充满自信	1. 足球运动的特点 2. 足球模块内容介绍 3. 校园足球与竞技足球的区别	1. 重点:根据本模块学习的内容与学生情况,制定学习目标 2. 难点:校园足球与竞技足球的区别	1. 播放精选的比赛视频,并总结足球运动的特点 2. 通过具体的比赛片段,让学生明确所学两个组合动作技术的内容和目标 3. 帮助学生建立自我保护与保护他人的意识

续表 6-12

课时	学习目标	教学内容	重点、难点	教学策略
2	1. 能说出脚内侧传、接地滚球的动作方法 2. 比较好地掌握脚内侧接、传地滚球技术，并能在组合练习中正确运用脚内侧传、接球技术 3. 能克服困难，努力进取，在与同伴的配合练习中不断提升合作的意识	1. 脚内侧传、接地滚球 2. 不同形式的脚内侧传、接地滚球组合练习	1. 重点：停球在可控范围内 2. 难点：接、传球技术运用的流畅性	1. 通过各种限制性练习强化学生踢球腿的外旋动作 2. 讲解脚内侧传、接地滚球动作要求和练习方法 3. 教师讲解传、接球组合动作技术的练习要求，学生按技能水平分层进行练习
3	1. 掌握脚内侧连续传、接球组合动作技术的运用要求 2. 能根据需要将滚来的球用脚内侧接在左或右侧前方，做出一次触球传、接球的快速衔接动作 3. 在学练中，与队员相互合作，建立默契	1. 脚内侧传、接球并射门 2. 传球后跑位摆脱 3. 二过一战术：横传斜插；横传直插	1. 重点：合理地将滚来的球用脚内侧接在左或右侧前方 2. 难点：传、接球的快速衔接	1. 讲解与示范如何做出一次触球传、接球的快速衔接动作 2. 指导学生分层进行二过一战术练习 3. 鼓励学生根据实际情况创造性地运用二过一战术
4	1. 了解在局部战术练习中无球队员有目的跑动的作用与意义 2. 了解在局部战术练习中无球队员跑位的目的性和时机性 3. 了解队友的打法特点，使得战术配合更加精准、默契，体验配合的成功感	1. 无球门的二对一 2. 一个球门的三对二 3. 二个球门的三对三	1. 重点：无球队员跑位的目的性与时机性 2. 难点：传球的时机把握和线路的合理精准	1. 讲解与演示发动局部战术配合的时机与应变方式 2. 及时对学生进行的战术配合进行分析，提出改进方案 3. 在战术情境中让学生体验通过“妙传”撕破对手防线的成就感

续表 6-12

课时	学习目标	教学内容	重点、难点	教学策略
5	1. 知道脚内侧接、传球的游戏与比赛的方法 2. 较好地完成连续二过一并射门的考核 3. 主动找出自己的技术问题，并采用合适的方式进行改进，提高自主学习的能力	1. 复习脚内侧接、传球技术 2. 考核：连续二过一射门 3. 多种提高脚内侧接、传球技术的练习方式介绍	1. 重点：接、传球技术的连贯 2. 难点：快速完成技术动作	1. 对脚内侧接、传球技术重难点的巩固性练习 2. 技能分组，练习考核内容 3. 连续二过一射门练习
6	1. 了解足球比赛中“合理冲撞”的规则要求 2. 知道局部战术配合对个人战术运用能力提出了更高的要求，在练习中能以局部战术利益的标准来评价自己的行为 3. 能在实战的情况下正确运用脚内侧接、传球技术并做出局部战术配合 4. 提高对足球比赛的欣赏水平，对同学的场上表现进行评分	1. 复习脚内侧接、传球技术 2. 考核：脚内侧接、传球组合技术的战术运用（学生互评打分） 3. 足球比赛规则介绍：合理冲撞	1. 重点：根据实战情境，灵活运用战术配合 2. 难点：控球队员抬头观察与判断	1. 强调战术行动的观察力、时机选择和应变能力 2. “合理冲撞”的介绍与体验练习 3. 实战考核：五对五小场地比赛，考查二过一配合在实践中的运用
7	1. 知道球性组合练习的技术要点和方法 2. 能对足球运行轨迹进行预判，并能根据预判选择合理的身体位置，掌握双脚对球的控制 3. 积极参与练习，保持灵敏的状态	1. 熟悉球性 2. 控球所需的柔韧性和灵敏性练习 3. 快速的双脚控球动作练习	1. 重点：脚对球的控制 2. 难点：及时预判球的运行轨迹	1. 通过各种球性练习提高学生双脚对球的感知能力 2. 进行多种运球技术的练习，提高学生完成动作的灵敏性和协调性 3. 设计针对性的练习，提高学生脚下动作的速度

续表 6–12

课时	学习目标	教学内容	重点、难点	教学策略
8	1. 知道控球的同时能洞察场上情况是控球能力提高的标志 2. 能在各种形式的控球练习中做到控球的同时兼顾观察场上情况，做到随机应变 3. 在控球学、练中感受随机应变的乐趣	1. 控球过程中扩宽视野练习 2. 脚法的灵敏性练习 3. 创造性和应变能力练习	1. 重点：控球时目光与余光的合理分配，做到人球兼顾 2. 难点：准确预判球的位置	1. 分析“球星”的控球技术，让学生知道“玩”球越多，则球感越好 2. 通过各种练习，提高学生快速、灵敏控球的能力 3. 教师在学生控球的过程中设置多种条件扩宽学生的视野
9	1. 懂得运球节奏的突然变化，是变速过人技术的关键 2. 在脚内侧、脚外侧变速运球过人时能做到上体前倾、重心降低、运球节奏变化突然，变速后跟进动作连贯 3. 在对抗中勇敢面对对手坚决、果断的完成动作，树立自信心	1. 变节奏运球 2. 运球急停急起 3. 脚内侧、脚外侧“假停真推”变速过人	1. 重点：运球节奏的控制 2. 难点：变速后连贯的跟进动作	1. 听哨音进行变换节奏的运球 2. 讲解与示范运球中急停急起的动作技战术要求教师要强调突破与摆脱的结合 3. 讲解并示范运球中脚内侧与脚外侧变速运球“假停真推”变速过人的动作方法，指导学生开展从无对抗到有对抗的“假停真推”变速运球练习强调“假停”动作诱骗性
10	1. 知道预判对手并利用时间差变向是变向过人的关键 2. 在脚内侧、脚外侧变向运球过人的练习中能正确运用脚的拨推动作，控制好脚触球的部位和用力大小 3. 培养勇敢面对对手的自信心	1. 运球中两脚内侧连续扣球练习 2. 直线运球接脚内侧突然变向技术 3. 脚外侧拨推球变向过人技术 4. 变向、变速运球过人技术的实战运用	1. 重点：运球变向的突然性 2. 难点：运球中观察对手的移动方向	1. 讲解与示范运球中变向过人的动作方法和运用要求 2. 行进间脚内侧及脚内侧连续扣球练习 3. 行进间脚外侧拨推球变向过人技术练习 4. 在学习过程中，教师要强调突破动作的突然性和隐蔽性 5. 师生共同分析变向过人成败的原因，找到解决问题的方法

续表 6-12

课时	学习目标	教学内容	重点、难点	教学策略
11	1. 能说出马修斯运球过人的动作方法和运用时机及要求 2. 能在消极防守下正确地做出马修斯运球过人动作，并且动作连贯、协调 3. 在学、练过程中，能努力进取、勇于向高难度技术挑战	1. 马修斯运球过人技术 2. 假动作运球过人技术实战运用	1. 重点：假动作的诱骗性、突破后的摆脱 2. 难点：协调与连贯的身体动作	1. 讲解与示范经典运球过人的动作方法和运用时机及要求 2. 利用视频播放足球比赛中的精彩个人突破，分析动作结构 3. 讲解示范连续两次马修斯运球过人 4. 在学习过程中，教师要强调假动作的逼真、突破后的摆脱 5. 分层进行一对一对抗练习
12	1. 知道比赛中“越位”的判罚条件，能说出运球过人的四大要素 2. 完成运球过人组合技术动作考核 3. 能根据所学原理分析比赛中同伴的个人突破技术运用是否合理，并对同伴的场上表现进行正确评判	1. 考核：运球过人组合技术动作；运球过人组合技术动作的实战运用(学生互评打分) 2. 足球比赛规则介绍：越位	1. 重点：比赛中个人突破的合理运用 2. 难点：少盘带多传控，觅战机	1. 限制性防守情境下一对一运球过人组合动作技术考核 2. 实战运用考核：五对五小场地比赛。考核运球过人组合动作技术的实战运用(学生互评打分) 3. 运球过人后大多会进行传球，明确“越位”的概念，避免将球传给处于“越位”位置的同伴
13	1. 明确边路进攻概念，能说出边路进攻的打法、运用边路进攻战术配合的方法和意义 2. 能掌握边路进攻战术配合方法，并在低对抗中较合理运用 3. 在学、练过程中体验不同的战术角色，注重与队友的合作	1. 边路斜向突破射门 2. 边路横向或斜向推进后近底扣中 3. 半场攻防转换	1. 重点：充分利用球场的纵深组织有效进攻 2. 难点：开阔的视野与无球队员的积极策应跑动	1. 通过图解、视频介绍边路进攻战术方法 2. 进行边路进攻战术演练 3. 在限制性防守下进行边路进攻战术配合 4. 五对五半场攻防转换

续表 6-12

课时	学习目标	教学内容	重点、难点	教学策略
14	1. 能说出在边路进攻中无球队员跑动的价值 2. 能在低对抗中，较熟练地做出边路斜向二过一短传配合，较熟练地做出脚内侧接、传球组合技术动作 3. 注重与同伴的合作，感受足球运动的乐趣	1. 复习二过一战术配合 2. 边路斜向二过一短传配合 3. 四个球门的五对五小场地比赛	1. 重点：对战术配合的灵活运用 2. 难点：配合的意识	1. 通过图解、视频介绍边路斜向二过一短传配合战术方法 2. 进行边路斜向二过一短传配合战术演练 3. 在限制性防守下进行边路斜向二过一短传战术配合 4. 四个球门的五对五小场地比赛
15	1. 能说出套上跑动边路进攻的配合方法、作用与意义 2. 能流畅完成套上跑动边路进攻的配合，提高传球后套上跑动的意识和能力 3. 在学习过程中主动与同伴合作，提高配合的默契程度	1. 接、传球后的跑动 2. 套上跑动边路进攻战术 3. 七对七半场分队比赛	1. 重点：传球后套上跑动的意识 2. 难点：队员之间的默契	1. 通过图解介绍套上跑动边路进攻战术方法 2. 进行套上跑动边路进攻战术演练 3. 在消极防守下进行套上跑动边路进攻配合 4. 七对七半场分队比赛
16	1. 能说出中路进攻与边路进攻的区别，分析出两种不同进攻的难易与威胁性 2. 学会并较合理地运用中路进攻战术配合，能在对抗中合理、熟练地运用所学组合动作技术 3. 在对抗情境下注重运用技战术和调节心理状态	1. 中路进攻：个人运球突破射门 2. 中路进攻：局部快速配合射门 3. 五对五半场攻防转换 4. 七对七半场分队比赛 5. 体能练习：俯卧撑	1. 重点：根据场上变化合理运用中路进攻战术 2. 难点：无球队员的配合	1. 通过图解、视频介绍中路进攻战术方法 2. 进行中路进攻战术演练 3. 五对五半场攻防转换演练 4. 七对七半场分队比赛

续表 6-12

课时	学习目标	教学内容	重点、难点	教学策略
17	1. 了解足球比赛中红、黄牌使用的相关规则 2. 明确由边路向中路横向跑动后再套上射门的跑动路线，理解其配合原理 3. 能流畅地做出由边路向中路横向跑动后再套上射门的中路进攻配合动作组合技术，提高无球队员隐蔽性跑动的意识和能力 4. 感受战术配合的乐趣，乐于交往合作，勇于公平竞争	1. 由边路向中路横向跑动后再套上射门的中路进攻配合 2. 足球比赛规则：红、黄牌的使用 3. 七对七半场分队比赛	1. 重点：由边路向中路横向跑动后再套上射门的配合方法 2. 难点：配合的默契程度	1. 通过图解介绍由边路向中路横向跑动后再套上射门的中路进攻的配合方法 2. 进行由边路向中路横向跑动后再套上射门的中路进攻战术配合演练 3. 介绍足球比赛规则：红、黄牌的使用 4. 七对七半场分队比赛
18	1. 能说边路进攻、中路进攻战术常见的形式 2. 能够完成进攻战术配合的考核 3. 对同学在比赛中的表现做出客观、公正的评价	1. 考核：采用学生互评的方式进行，对场上队员的战术意识、配合的默契程度、在对抗情境下运用技战术的能力进行打分 2. 足球比赛常见阵型及各位置的职责介绍 3. 学生自己制定阵型和分配位置进行比赛	1. 重点：比赛中战术配合的运用 2. 难点：在对抗中合理运用技战术的能力	1. 采用学生互评的方式进行考核 2. 足球比赛常见阵型及各位置的职责介绍，重点讲解各位置的职责 3. 教师引导学生客观、公正地对同学的场上表现进行打分

(四)精选课时教案(表6-13)

表6-13　足球(水平五):模块一第11课时(马修斯运球过人)教案

<table>
<tr><td>年级</td><td>高一年级</td><td>人数</td><td colspan="3">40人(男20人,女20人)</td><td colspan="2">模块课时</td><td>第11课时</td></tr>
<tr><td>学习目标</td><td colspan="8">1. 能说出马修斯运球过人的动作方法和运用时机及要求
2. 能在消极防守下正确地做出马修斯运球过人动作,并且动作连贯、协调
3. 在学、练过程中,能努力进取、勇于向高难度技术挑战</td></tr>
<tr><td rowspan="2">教学内容</td><td colspan="4" rowspan="2">1. 马修斯运球过人技术(本教案中,以右脚为例,此时该技术也称左扣右拨变向运球过人)
2. 假动作运球过人技术实战运用</td><td>重点</td><td colspan="3">假动作的诱骗性、突破后的摆脱</td></tr>
<tr><td>难点</td><td colspan="3">协调与连贯的身体动作</td></tr>
<tr><td>场地器材</td><td colspan="8">足球场1块、足球40个、标志桶20个、标志碟20个、音箱1套</td></tr>
<tr><td>安全措施</td><td colspan="8">1. 课前对场地、器材进行安全隐患排查,检查学生随身物品,加强安全教育、培养安全意识
2. 安排见习生,充分热身,预防运动损伤
3. 做好课堂管控、合理组织,关注学生练习状态
4. 注意保护帮助与安全防护技能的渗透
5. 熟悉意外事故的应急处理程序</td></tr>
<tr><td>教学流程</td><td colspan="8">问题导入→启发诱导(学)→动态分层(开放式练、赛)→挑战性体能练习</td></tr>
<tr><td rowspan="2">课的结构</td><td rowspan="2">达成目标</td><td rowspan="2">学习内容</td><td rowspan="2">教师活动</td><td rowspan="2">学生活动</td><td colspan="2">运动负荷</td><td colspan="2" rowspan="2">组织方式</td></tr>
<tr><td>时间</td><td>强度</td></tr>
<tr><td>开始部分</td><td>1. 培养严于律己、服从指挥的作风
2. 明确本节课的学习目标、内容和要求</td><td>1. 集队、报数
2. 师生问好
3. 宣布本节课的学习目标、内容和要求
4. 安排见习生
5. 安全教育</td><td>1. 整理队伍,向学生问好,检查人数和服装
2. 宣布本节课的学习目标、内容和要求
3. 安排见习生
4. 安全教育</td><td>向老师问好,认真听讲</td><td>2分钟</td><td>小</td><td colspan="2">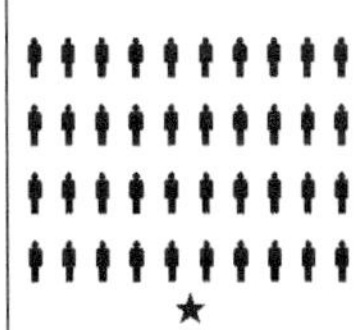</td></tr>
</table>

续表 6-13

准备部分	1. 充分热身，活动关节，确保运动安全 2. 思想集中，为后续学习做好心理和生理上的准备	1. 慢跑热身 2. 进行足球专项准备活动	教师领操，激情引趣，激发学生参与热身操的热情	1. 四人一组纵队慢跑，注意保持前后安全距离，关注老师的示范动作 2. 左右侧滑步练习时注意体会足球运动的“低重心” 3. 慢跑中面对标志碟做左晃右突，关注重心的移动与变向 4. 单人练习小步快频向前移动，突然接加速，注意观察前方同伴	5 分钟	中	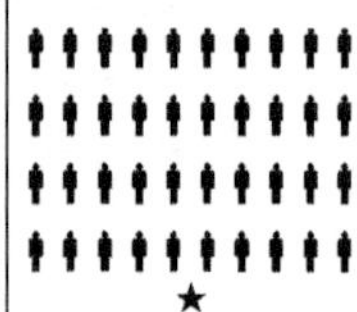

续表 6-13

基本部分	1. 通过学、练、赛、评等环节，学习本节课的核心技战术 2. 利用循序渐进的手段提高学生的实战能力 3. 通过师生、生生互评，理解技战术运用	1. 左扣右拨变向运球过人 (1) 扣：向左扣球，佯装向左突破 (2) 跨：左脚向左侧跨步同时侧肩，重心下降左移，诱骗防守者向左移动 (3) 拨：右脚迅速移至球的内侧，左腿蹬地移重心，用右脚外侧快速向右侧拨球，加速突破防守者 2. 左扣右拨变向运球过人—传球—射门组合 3. 左扣右拨变向运球过人—传球—射门战术配合	1. 左扣右拨变向运球过人 (1)示范左扣右拨变向运球过人技术动作，侧面与背面示范结合 (2)讲述技术要点：左扣、左跨、右拨 (3)分解练习一：左跨—右拨变向运球，教师示范、关注学生重心的变化 (4)分解练习二：原地左扣—左跨—右拨变向运球，关注学生右脚对球的控制 (5)完整过人动作：左扣—左跨—右拨变向—运球过人，及时反馈练习中的错误动作，并给予纠正 (6)纠错辅助性练习：指导学生两人一组合作练习，学生借助同伴纠正高重心的错误，教师巡视指导	1. 左扣右拨变向运球过人 (1) 观察老师示范，关注变向过程中的下肢动作 (2) 听老师讲述技术要点，清楚技术动作过程 (3) 面向标志桶，左脚向左侧横跨一大步，右脚外侧向右拨球变向，关注跨、拨动作的连贯 (4) 面向标志桶，右脚向左扣球，左脚迅速向左跨步，右脚 绕至球的左侧，用脚外侧将球向右拨出，做变向运球，注意降重心与快速变向 (5) 面向标志桶自主练习完整动作，关注动作的连贯与自然	30分钟	大	1. 两人一组面对一个标志桶，做左扣右拨变向运球过标志桶练习 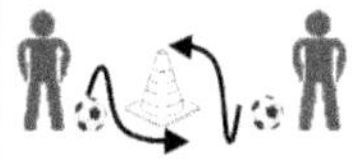 2. 单人做左扣右拨变向运球过标志桶练习  3. 两人一组，一人做左扣右拨变向运球过人练习，另外一人限制性防守 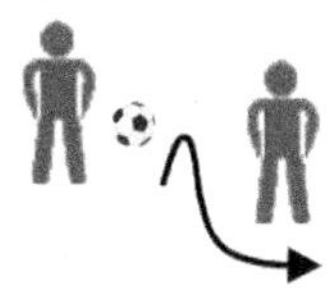 4. 两人做左扣右拨变向运球过人—传球练习 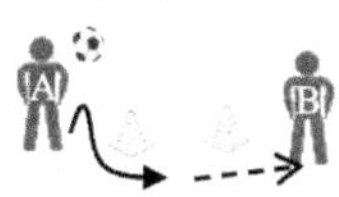 5. 两人一组做左扣右拨变向运球过人—射门练习 

续表 6-13

基本部分			2. 左扣右拨变向运球过人—传球—射门组合 (1)左扣右拨变向运球过人—传球技术组合：请学生一同示范，组织学生练习，关注扣、拨动作的连贯 (2)左扣右拨变向运球过人—射门技术组合：请学生一同示范，关注射门的准确性 (3)学生两人一组合作练习，巡视指导，重点关注运球过人与传、射技术的连接，适时纠正错误动作 (4)依据学情适当调整练习难度，学习能力差的学生可降回前一练习内容；学习能力强的学生可变换练习方法，增强练习难度（可变练习：四人一组练习，中间两人“搭门”，第1人运球过人后射两“门”，再与第2人交换位置，第4人接球后重复第1人练习方法，循环练习）	(6)两人一组合作练习，一人站立左臂侧平举，右臂前平举，另一人面对站立练习左扣右拨变向运球过人动作，借助同伴的手臂降低重心完成技术动作 2. 左扣右拨变向运球过人—传球—射门组合 (1)两人一组合作练习，注意扣、拨连贯，比谁传球更准确（A面向标志桶做扣拨过人后传球给B，B接球后同A方法练习） (2)两人一组合作练习，比谁进球多，提高练习兴趣（A面向标志桶做扣拨过人后射门，B提前分开两腿形成“球门”，等A射门后迅速转身追球，接球后同A方法练习） (3)两人一组合作练习，相互学习与比赛，	30分钟	大	6. 左扣右拨变向运球过人—传球—射门战术配合 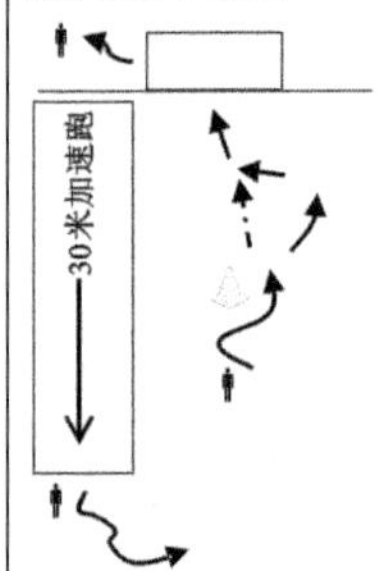

续表 6-13

基本部分			3. 左扣右拨变向运球过人—传球—射门战术配合 (1) 集中讲解战术配合要点，请学生一同演示战术配合方法，提示学生先做好左扣右拨变向运球过人技术再做后续动作 (2) 战术配合练习间隙增加专项体能训练：射门后迅速捡球，到指定场地做30米加速跑，再返回队伍循环练习 (3) 教师巡视指导，并鼓励学生在配合中大力射门，尽情释放情绪，鼓舞自己，提高自信	乐意接受老师的指导，及时纠正错误动作 (4) 依据自身实际与老师的指导进行分层练习，丰富练习手段，提高练习兴趣，巩固左扣右拨变向运球过人—传球—射门组合 3. 左扣右拨变向运球过人—传球—射门战术配合 (1) 集中看战术配合的演示，听老师提示练习要点，培养战术意识 (2) 分组进行战术配合练习，做完一组战术练习，接着做一组加速跑，再返回练习队伍 (3) 学生分成四组练习，先做好左扣右拨变向运球过人，再连接传、射技术。用大力射门释放自己的情绪，为进球欢呼	30 分钟	大	

续表 6-13

<table>
<tr><td>结束部分</td><td>进行身心放松，以降低运动带来的肌肉疲劳反应</td><td>1. 拉伸放松
（1）手脚放松+反应游戏
（2）肩部、腰部、腿部静力拉伸放松
2. 课堂小结，师生再见</td><td>1. 引导学生做拉伸放松，拍打腿部肌肉放松
2. 集中总结
3. 布置课外作业
4. 归还器材
5. 师生再见</td><td>1. 集体成操队形跟教师做拉伸放松
2. 学生自我总结后听教师总结
3. 明确课外作业
4. 归还器材
5. 师生再见</td><td>3 分钟</td><td>小</td><td>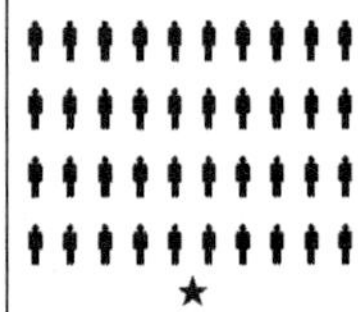</td></tr>
<tr><td colspan="2">练习密度</td><td colspan="2">55%±5%</td><td>平均心率</td><td colspan="3">140～160 次/分</td></tr>
<tr><td colspan="2">预计运动
心率曲线图</td><td colspan="6">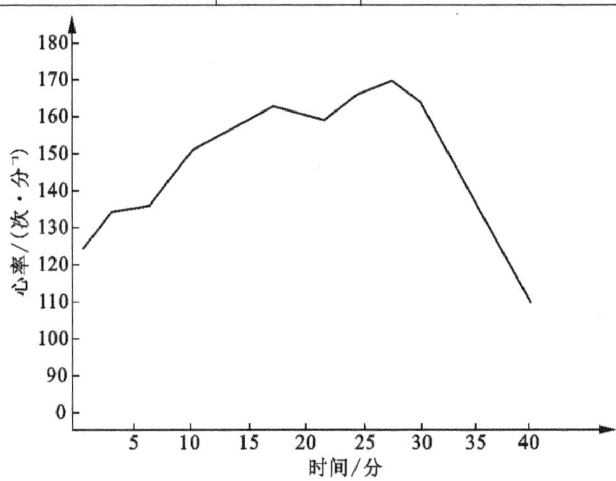</td></tr>
<tr><td colspan="2">课后作业</td><td colspan="6">1. 无球模仿马修斯运球过人技术
2. 观看 20 分钟足球比赛视频，记录双方队员运用马修斯运球过人技术的次数</td></tr>
<tr><td colspan="2">课后反思</td><td colspan="6">在课的内容设计方面，教学内容设置略显单一，应让内容更丰富一点。教学过程中，课堂中技术动作细节讲解和示范有所欠缺，教学组织上应该要更加注重细节，多用语言调动学生的积极性，从而让学生达到更好的练习效果</td></tr>
</table>

二、足球（水平五）：模块二

（一）学情分析

本模块的授课对象是高二足球选修班的学生。该班学生有较强的思维能力，喜欢竞争，乐于表现，其中有 10 名校足球队队员，整体足球水平较高，但存在差异，教学中要进行分层，并鼓励学生交流。

（二）教学目标

（1）感受足球文化，了解变向运球技术组合与个人突破战术的基本原理。

（2）变向运球动作连贯，能骗过防守者形成个人突破，并能与其他技术进行组合练习。

（3）在足球活动中，树立自信，体验成功，增强合作精神。

（三）模块教学计划（表 6-14）

表 6-14　足球（水平五）：模块二教学计划

课时	学习目标	教学内容	重点、难点	教学策略
1~2	1. 改善脚脚内侧传接球动作方法 2. 提高速度、爆发力、上肢力量等身体素质 3. 培养勇于进取的精神	1. 脚内侧传接地面球；脚内侧传、接空中球 2. 传控球（接球）技能，如“两短一长”短传结合长传球 3. 传接球射门 4. 四对四小场地比赛 5. 体能训练：跳跨低栏接加速跑、30 米加速跑及推小车	1. 重点：传接球的身体动作连贯 2. 难点：对抗下合理站位	1. 利用半场或罚球区范围设置情景下的练习 2. 设计长、短结合传接球练习 3. 设置对抗情境下的练习 4. 设置 20 m * 30 m 场地、利用标志桶摆放球门、无守门员的四个球门、两个球门的比赛 5. 利用辅助器材
3~4	1. 学生能够说出传切配合的基本方法，并能够结合射门在具体情境和比赛中运用 2. 提高灵敏、速度、协调、力量、耐力等身体素质 3. 自觉遵守规则，尊重他人，顽强拼搏，敢于挑战，勇于担当	1. 实战情境下传接球 2. 传切配合：直传斜插、斜传直插、踢墙二过一配合 3. 传接球射门 4. 五对五小场地比赛 5. 体能训练：莱格尔跑、十字跳、平板支撑、背肌练习	1. 重点：传切配合战术的运用场景 2. 难点：合理准确传接球	1. 讲解与示范 2. 区域范围内设置情景下的任务驱动式练习（任务设置：保持控球权、创造和利用空间得分） 3. 设置对抗情境下的练习 4. 设置 25 m * 40 m 场地、利用标志桶摆放球门、无守门员的四个球门的比赛 5. 利用辅助器材

续表 6-14

课时	学习目标	教学内容	重点、难点	教学策略
5~7	1. 学习和加强对抗下的运控球技术运用，在多种情境中提高个人攻防能力 2. 提高速度、爆发力、上肢力量等身体素质 3. 培养灵活机变的能力	1. 运球假动作；变向、变速运控球 2. 运控球技能 3. 传接运球射门 4. 五对五小场地比赛 5. 体能训练：斗鸡、原地 30 秒半高抬腿、俯卧撑	1. 重点：晃动与突破技术衔接 2. 难点：假动作晃动的诱骗连贯	1. 讲解与示范 2. 区域范围内设置情景下的练习 3. 设置对抗情境下的练习 4. 设置 25 m * 40 m 场地、利用标志桶摆放球门的无守门员、四个球门和有守门员、两个球门的比赛
8	1. 学习和掌握侧面头顶球的动作方法，在多种情境中提高对高空球落点的判断能力 2. 提高爆发力 3. 培养果敢的品质	1. 侧面头顶球，抢—争顶球技能，头顶球射门 2. 五对五小场地比赛 3. 体能训练：折返跑、多级跳、俯卧撑、仰卧举腿	1. 重点：迎球甩头击球 2. 难点：跃起击球动作协调	1. 讲解与示范 2. 利用半场或罚球区范围设置情景下的练习 3. 设置无对抗、对抗情境下的练习 4. 设置 25 m * 40 m 场地、有守门员、两个球门的比赛
9	1. 全面了解足球竞赛规则，以及运动损伤与处理知识 2. 了解和运用足球运动的安全知识和防护技能	理论课：足球运动规则、足球运动保健知识、队员、队员装备、比赛时间、比赛开始和重新开始、比赛进行及停止、比赛结果决定、损伤与处理知识等	1. 重点：规则的理解 2. 难点：利用规则在实战中自我保护	1. 讲解和演示 2. 利用多媒体导入

续表 6-14

课时	学习目标	教学内容	重点、难点	教学策略
10~13	1. 改善和促进组合技术的运用，在多种情境中提高技术的衔接能力 2. 提高速度、力量、耐力等身体素质 3. 培养团结协作的精神	1. 接—运—传球、接—运—过人—传球技能 2. 抢—运—传球、抢—运—过人—传球技能 3. 传接球、抢运球射门 4. 五对五小场地比赛 5. 体能训练：折返冲刺跑、固定区域 2 分钟运球、不同姿势起动跑及多级跳	1. 重点：组合技术使用场景 2. 难点：实战情境下技术合理衔接	1. 利用半场或罚球区范围设置情景下的练习 2. 设置对抗情境下的练习 3. 设置 25 m * 40 m 场地、有守门员、两个球门的比赛
14~16	1. 基本掌握中路进攻战术配合，在多种情境中提高整体作战能力 2. 提高速度、力量、耐力等身体素质 3. 培养合作的能力和自我创造性	1. 传—控球（接球）技能 2. 中路攻防配合 3. 七对七小场地比赛 4. 体能训练：俯卧撑、原地 30 秒半高抬腿、短距离追逐跑	1. 重点：中路进攻传控球配合 2. 难点：各种实战情境下传控球准确性	1. 利用半场、中路区域范围设置特定情景下的练习 2. 设置无对抗到逐渐增加人数的对抗练习 3. 先学习进攻路线，再学习防守套路，最后攻防合练 4. 设置 45 m * 60 m 场地、有守门员、两个球门的比赛
17~18	1. 巩固和提高局部进攻战术配合，提升技战术运用能力 2. 提高反应速度和心肺耐力 3. 养成遵守规则、正确面对胜负的优良品格	1. 局部进攻战术配合与防守 2. 七人制小场地比赛 5. 体能训练：转身起动跑、多线折返跑（利用场地区线）、仰卧起坐、背肌练习	1. 重点：局进攻与防守配合 2. 难点：人数弱势情境下的进攻或防守配合	1. 小场地开放式传控球练习（保持控球权） 2. 利用前场罚球区范围设置特定情景下的练习 3. 设置不同人数比例的对抗或比赛练习 4. 设置开放式挑战性练习（任务驱动），发挥学生创造性 5. 设置 40 m * 60 m 场地、有守门员、两个球门的比赛

（四）精选课时教案（表 6–15）

表 6–15　足球（水平五）：模块二第 3 课时（传切配合）教案

<table>
<tr><td>年级</td><td>高二</td><td>人数</td><td colspan="2">40 人（男）</td><td colspan="2">模块课时</td><td>第 3 课时</td></tr>
<tr><td>学习目标</td><td colspan="7">1. 学生能够说出传切配合的基本方法，并能够结合射门在具体情境和比赛中运用
2. 提高灵敏、速度、协调、力量、耐力等身体素质
3. 自觉遵守规则，尊重他人，顽强拼搏，敢于挑战，勇于担当</td></tr>
<tr><td rowspan="2">教学内容</td><td colspan="4" rowspan="2">传切配合</td><td>重点</td><td colspan="2">实战中传球与跑动的路线及传接球技术的选择与运用</td></tr>
<tr><td>难点</td><td colspan="2">传球与跑动时机的把握</td></tr>
<tr><td>场地器材</td><td colspan="7">足球场 1 块、足球 40 个、标志碟 80 个、音箱 1 套</td></tr>
<tr><td>安全措施</td><td colspan="7">1. 身体不适的同学见习，准备活动充分，防止受伤，不戴金属首饰
2. 提示安全隐患及应对措施，提高安全意识
3. 练习时注意同伴间的间距，避免碰撞
4. 练习后，充分放松</td></tr>
<tr><td>教学流程</td><td colspan="7">问题导入→启发诱导（学）→动态分层（开放式练、赛）→挑战性体能练习</td></tr>
<tr><td rowspan="2">课的结构</td><td rowspan="2">达成目标</td><td rowspan="2">学习内容</td><td rowspan="2">教师活动</td><td rowspan="2">学生活动</td><td colspan="2">运动负荷</td><td rowspan="2">组织方式</td></tr>
<tr><td>时间</td><td>强度</td></tr>
<tr><td>开始部分</td><td>1. 培养严于律己、服从指挥的作风
2. 明确本节课的学习目标、内容和要求</td><td>本节课的学习目标、内容和要求</td><td>1. 指导集合队伍
2. 师生问好
3. 检查运动着装，强化安全措施
4. 宣布本节课的学习目标、内容和要求
5. 安排见习生</td><td>1. 体育委员整队，清点人数，学生快速集合
2. 师生问好
3. 检查着装
4. 认真听讲
5. 见习生按要求安排活动</td><td>2 分钟</td><td>小</td><td>○○○○○○○○○○
○○○○○○○○○○
○○○○○○○○○○
○○○○○○○○○○
△</td></tr>
</table>

续表 6-15

准备部分	1. 充分热身，活动关节，确保运动安全 2. 思想集中，为后续学习做好心理和生理上的准备	1. 动态拉伸 2. 足球专项准备活动	1. 精讲动态拉伸和足球专项准备活动的方法和要求 2. 语言渗透项目知识	1. 集中注意力听讲，跟做 2. 跟做动态拉伸和足球专项准备活动，注意安全	4 分钟	中	○○○○○○○○○○ ○○○○○○○○○○ ○○○○○○○○○○ ○○○○○○○○○○ △
基本部分	通过尝试体验、学、练、赛四个环节学习本节课的核心技战术，利用循序渐进的手段提高学生的实战能力	1. 尝试体验：在接近真实情境中体验传切配合（难度递进的传控球：从无限制条件到增加接球者必须绕过一个人再接球的限制） 2. 学：讲解示范斜传直插，启发学生探究直传斜插和基于实战情境的传切	1. 尝试体验 (1)将学生分成四大组，每组十人（大组内两人为一小组），讲解练习方法和要求 (2)巡回指导，提示、暗示和鼓励 (3)安全提示 2. 学 (1)请两名表现优秀的学生出列，共同完成有防守的传切配合示范，讲解要点 (2)启发渗透项目认知	1. 尝试体验 (1)集中注意力听讲，明确要求 (2)传球和运球学生须移动 (3)注意观察同伴及其他同学的位置 2. 学 (1)表现优秀的学生与老师共同演示传切配合 (2)其他学生认真听讲，观看示范，积极思考配合要点	30 分钟	大	1. 尝试体验 (1)规定区域内五组队员，每组两人传控球 (2)规定区域内五组队员，每组两人传控球一对一传控球 2. 学 ○○○○○○○○○○ ○○○○○○○○○○ ○○○○○○○○○○ ○○○○○○○○○○ △

续表 6-15

基本部分		3. 练 (1) 斜传直插为主的多种传切分层练习 (2) 分层区域传球攻防(任务驱动:保持控球权,调整自由人,根据练习情况选择攻防比例) 4. 赛:真实情境结构化运用所学知识(任务驱动:保持控球权、创造和利用空间得分) 5. 体能训练:上肢力量训练,核心力量训练(结合球的合作式挑战性体能练习,如俯撑对传球+仰卧对传球+推小磨)	3. 练 (1) 指导各组自主练习,提示配合要点 (2) 适时叫停个别组进行基于情境的指导 (3) 根据即时学情调整攻防人数比例 4. 赛 (1) 讲解比赛规则 (2) 动态调整各场攻防人员比例 (3) 提示技战术要点 (4) 鼓励实践创新 5. 体能训练 (1) 示范并讲解练习要点 (2) 鼓励学生挑战自己,引导学生公平竞争	3. 练 (1) 动态分层:规定区域内 5 组队员,每组两人一对一传控球,接球者必须绕过至少一个人再接球,熟练者一脚球,不熟练者可停球调整,或者熟练者传球距离拉长 (2) 明确任务,与同伴合作运用传切配合保持控球权 (3) 积极参与防守 (4) 主动实践,大胆创新和运用技术 4. 赛 (1) 认真听讲,积极投入比赛 (2) 遵守比赛规则 (3) 主动和队友交流 (4) 敢于实践创新 5. 体能训练 (1) 认真听讲,观看示范,明确规则与要求 (2) 在规则下勇于挑战,相互鼓励	30 分钟	大	3. 练:分层分区域攻防练习 4. 两人一组合作式体能练习

续表 6-15

<table>
<tr><td>结束部分</td><td>进行身心放松，以降低运动带来的肌肉疲劳反应</td><td>1. 放松：互助性静态拉伸
2. 总结评价：评价反馈，要点回顾，课外延伸</td><td>1. 组织学生放松并在练习中巡回指导，提示要点，积极鼓励
2. 总结评价，侧重运用效果的增值评价，布置课外作业</td><td>1. 跟教师做放松活动
2. 学生自我总结后听教师总结
3. 明确课外作业
4. 归还器材</td><td>4 分钟</td><td>小</td><td></td></tr>
<tr><td colspan="2">练习密度</td><td colspan="2">65%±5%</td><td>平均心率</td><td colspan="3">145~155 次/分</td></tr>
<tr><td colspan="2">预计运动心率曲线图</td><td colspan="6">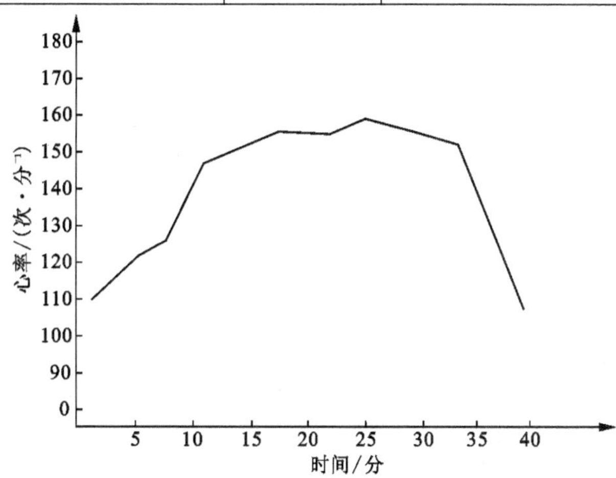
</td></tr>
<tr><td colspan="2">课后作业</td><td colspan="6">1. 技战术认知：以小组为单位，观看一个传切配合成功运用的比赛片段，并说出传球和跑动路线，以及有效摆脱方法和时机
2. 体能训练：连续俯卧撑极限挑战 2 组</td></tr>
<tr><td colspan="2">课后反思</td><td colspan="6">本节课基于学情设计开放式的学练活动和比赛，不仅提高了学生的运动能力，且较好地培养了学生的创造力。课堂中基本维持在中大运动强度，有效促进了学生的身心发展。另外，多种真实情境的创设丰富了学生的体验，培养了优良的体育品德。
通过设置了自主探究和 2 次尝试体验，整个教学环节环环相扣、循序渐进、层层深入，逐渐加大练习的难度。在课堂中，及时发现并纠正学生错误动作。练习分小组进行，培养学生自主学习能力、互帮互助的团队精神，学生的生理、心理得到一定锻炼，学生的主体地位和自主学习能力得以凸显，较好地达成了教学目标。
不足之处：本节课学生在学习过程中还比较拘谨，个别学生对摆动腿加速和控制力度的关系的理解还不到位</td></tr>
</table>

第七章 结论与建议

第一节 结论

《关于深化体教融合 促进青少年健康发展的意见》已经释放出“健康第一、全面发展”的信号，对学校体育教育提出明确要求，各级学校也在党中央的引导下，积极开展学校体育教育，寻找特色体育项目，积极淬炼学生意志品德，健全学生人格。在体教融合背景下，诸多学校选择开展足球项目，并尝试寻找最佳教学方式，提高足球教学质量与效率。对此，本书选择基于实战情境的湛江市中学足球体教融合教学进行研究，认为实战情境教学法对于学生足球学习、健康成长具有益处，通过研究得出以下结论。

第一，实战情境教学法有利于培养学生的足球体质。实战情境教学法从实战出发，让学生更多地接触高强度对抗与比赛，从而促进中学生体质全面成长，比如力量、速度、耐力等，在研究过程中，通过对比实验的方式，选择以肺活量、50 米跑、坐位体前屈、仰卧起坐、跳绳为评价指标，验证实战情境教学法的有效性。

第二，实战情境教学法有利于培养学生的足球运动兴趣。实战情境教学法相比传统训练教学法更有趣，并充分激发学生的胜负欲，利用丰富的实战比赛，让学生体会到了足球运动的魅力。在研究过程中，通过实地调查的方式，从学生足球运动参与度、足球学习积极性、足球运动关注度，验证实战情境教学法对学生足球运动兴趣的促进作用。

第三，实战情境教学法有利于提高学生的足球技术。足球技术是衡量学生足球水平的重要指标，以往训练过程中虽然也在技术上尽量做到面面俱到，但忽视了实战中的身体对抗。平日缺乏对抗，导致技术动作“变形”，难以发挥水平，而实战情境教学法鼓励学生在实战中训练运球、传球、射门，效果更为明显。

第四，实战情境教学法有利于促进学生的足球规则意识提升。足球规则意识对于学生的成长至关重要。以往教学训练往往忽视对学生足球规则意识的培养，或者以理论灌输的方式进行足球规则意识培养，而实战情境教学法从实战情境出发，让学生在比赛中养成良好的足球规则意识，更容易被接受与延续，从而真正达到培养品德的目标。

第二节 建议

一、破除体育系统与教育系统间的壁垒

中学足球实战情境教学的过程中，应当充分发挥体育系统与教育系统的关键力量，做好大面积的推广工作，充分展现教育功能，为后备人才培养提供关键的助力。同时，体育系统与教育系统应当积极消除壁垒，凝心聚力，构建体教融合的和谐发展的格局，并实现二者的共赢。但从现阶段湛江市教学情况来说，在推动中学足球教学的过程中，所架构的体教融合的体系的实践结果与预设存在偏离的现象，主要体现为思想认知统一性不足，发展目标统一性不足，以及利益冲突较为明显等问题，使得体育系统与教育系统之间的深度融合受到阻碍，也无法形成有效的合力。其一，体育部门与教育部门应当充分地摒弃部门保护思想，尽量消除利益冲突问题，形成统一的思想认知，以此来有效地实现两个系统的融合共识，不断推进体教融合。并且，应当精准把握体育系统与教育系统在中学足球实践中的发展优势，以此来有效地掌握优势资源，构建良好的共享机制。促进两个系统的深度协作，彻底消除体制弊端，构建融合共生的发展机制。其二，在开展实战情境教学的过程中，可以充分借助合作协议，有效地约束双方的行为，确保合作的有序开展。在具体的实践过程中，体育系统与教育系统应当形成融合发展的统一认知，签订合作协议，有效地解决体育系统与教育系统在足球赛事、师资团队等方面的建设问题，明确双方的责任与义务，一方面可以体现两个系统各自的职能，另一方面也能够实现职权互融，不断推动融合行为的长效开展。其三，体育系统与教育系统之间应当构建完善的阶段会商机制，运用定期的方针政策来对足球教学推进过程中的具体事务要点进行协商。这样既能够有效地促进双方之间的沟通与交流，也能够及时调整与部署本阶段及未来阶段的赛事活动等，从而建成良好的合作机制。因此，教育系统与体育系统之间最为关键的是建立常态化的联动机制，实现资源共享，辅助构建好保障与监督机制，促使其能够在推进中学足球运动的过程中，真正做到协力共进，体教融合。

二、建立完善的法律法规体系

制定政策法规的根本目标是针对特定历史时期与特定历史条件下需要实现

的目标、任务，作出明确的且权威化的规定，同时对具体的实践行为及实践方式的流程等作出细致的解读，以此来实现全局统筹。同时，在践行的过程中如果遇到各种问题，也需要充分利用政策法规来解决。在中学足球教学的过程中，构建体教融合机制涉及体育系统与教育系统，既需要坚定两个系统各自的发展目标及利益诉求，也需要将此作为前提，不断推动教育系统与体育系统之间的深度融合，建立合作共赢机制。因此，应当充分地完善各项政策法规体系，针对具体的践行及发展过程中遇到的问题作出明确的规范及正确的指导。现阶段湛江市的体教融合正处于初步发展阶段，还未形成完善的政策法规体系，因此需要不断完善其顶层设计。

三、强化普及层面体教融合力度

第一，加强中学足球文化活动层面的体教融合力度。在推进中学足球活动的过程中，从文化建设层面而言，体育系统与教育系统需要构建完善的长效合作机制，丰富体教融合的形式，强化体教融合的力度。教育系统应当充分运用体育系统的行业服务资源，促使体育系统能够有效地丰富中学足球文化的具体活动形式及活动内容。在具体的实施过程中可以从以下几个方面着手进行。其一，定期组织优秀的、高素养的足球运动员深入中学校园，讲述其训练的经历，或者指导基本技能、落实足球训练等，更好地营造中学足球校园文化氛围。其二，教育系统与体育系统共同举办多元化的校园足球文化系列活动。可积极组织校际足球联赛，可以专门为学生预留专业赛事的门票，也可以为学生提供志愿者服务的实践机会，促使学生能够感受到真正的足球比赛的氛围。足球文化的构建既可以在体育系统与教育系统之间形成合力，也可以吸引更多的普通学生参与其中，不断推进足球运动的普及。另外，教育系统与体育系统之间的体教融合的合力也应当体现在丰富多彩的文化活动中，构建常态化与官方化的合作模式，并且定期举办多元化的足球活动，以此体现实施的广泛性、普适性，实现融合的常态化。

第二，完善体教融合背景下实战教学的足球师资队伍建设。为了有效地解决师资力量问题，体育系统应充分地展现自身在教育教学方面的专业优势，为其提供专业技术人才等相关的资源。同时可以带领教练员与专家等深入校园，为学生提供专业的指导，或者可以运用间接的服务方式，即共同开展足球师资团队的培养。虽然以现阶段的实施情况来看，湛江市在推进中学足球运动普及的过程中，为教育系统提供了一定数量的专业人员的支持，并且也为足球师资团队提供了培养的机会与平台，但是由于服务渠道的不畅通、培养体系不健全等问题，足球师资力量培训效果不佳。因此，还需要强化系统之间的融合力度，不断构建完善的资源服务渠道，促使其能够优化目前的师资培养体系，充分展现体育系统的专业资源优势。

第三，推进校园足球普及性赛事活动的体教融合进程。根据了解可知，湛江市教育系统与体育系统的各项赛事活动多数集中在两个领域，即中学足球联赛与足球夏令营，这些都符合普及中学足球运动的发展目标，但是具备一定足球基础的中学生参与此类赛事的比例较多，其他学生很难参与其中。并且，湛江市教育系统与体育系统在举办普及性赛事方面的积极性不足，协作程度不高，因此湛江市有关部门需要督促教育系统与体育系统加大对中学足球普及性赛事活动的关注力度及协作程度。其一，教育系统与体育系统应当打破传统的为校争光的思维，也不再单纯重视人才的选拔，而是将全员参与作为赛事活动的出发点。双方依据共识来构建合作关系，使普及性校园足球赛事活动与普及的标准相匹配。其二，在赛事举办期间，教育系统与体育系统应当商定共同举办的机制并执行，体育系统应当强化专业资源优势的共享力度，保障足球赛事活动的科学性，不断提升学生的主动性及积极性，充分激发学生的参与兴趣，为培养中学足球人才奠定良好的基础。在校际与班级比赛期间，由于广东省内足球特色学校较多，基层校园足球赛事活动较为频繁，因此体育系统无法完全满足所有学校的专业资源需求。对于上述问题，可以运用轮流制的方式。并且，体育系统可以为中学运动队与广大中学生搭建互动交流的平台，使学生通过友谊赛的方式进行交流与互动，使得同年龄段的中学生能够从中获得共鸣，将更多的激情投入足球领域中。

第四，要畅通体育系统专业技术人才进校园机制。体育系统人才在进入教育系统开展教学训练工作的过程中，还存在部分问题。教育系统与体育系统应当构建科学的人才流通交流机制，教育系统应当积极从体育系统引进专业的教练员，而体育部门的教练员在进入教育系统之后，也需要为其提供专业的课程教学与训练方法的指导。在此方面可以制定双方的人才评价体系，对于完成教学任务并且取得一定成绩的体育系统人才，由教育系统给予一定的奖励，也可以将此作为体育系统人才级别升迁的重要参考标准。教育系统也可以为体育系统的人才提供专业的岗位，解决体育系统退役运动员的就业问题，消除体育系统人才进校园的顾虑。所以，体育系统应当尽快协助制定相关人员进校园机制，教育系统也应当充分制定科学灵活的教师队伍建设计划，通过对体育系统人才的培养，促使体育系统人才能够转岗成为学校正式的教师，以此实现教育系统与体育系统的人才资源的共享。

第五，优化体教融合中学足球师资培养体系。湛江市体育系统与教育系统应当共同成立中学足球师资队伍，为中学生足球能力的培养提供相应的教学保障，并较好地完善融合师资机制，提高融合的水平。现阶段，教育系统与体育系统在合力培养师资方面还未构建长期有效的工作机制，体育系统人才在转岗之后无法完全胜任教师的工作。可以依据此现象制定科学的考核机制，完善培训教师返岗后的评估工作，对其胜任力水平实施评估，将评估结果提交给体育系统与教育系统。二者可以依据中学足球师资情况制定科学的战略，运用继续教育或者二次培训的方式，对一些胜任力水平不足的教师进行再次培训，并且引进专业的培训师资力量，确保培训的水平。教育系统与体育系统在此期间应当形成高效的合作机制，不断深化体教融合的程度，有效地促进中学足球师资力量的长远、可持续发展。

四、构建体教融合监管体系

强化监管是充分落实体教融合的基本前提及有力保障。在中学足球体教融合实施的过程中，既涉及体育系统，也涉及教育系统，双方有必要构建与优化监管体系，明确合作要求及行为规范。因此，湛江市在此领域构建监管体系是十分必要的任务。进入新时期以后，政府既需要充分地理解监管的含义，也需要结合体教融合的背景，针对中学足球体教融合设置专业的监管协调机构——可以参考督查委员会的方式，这是具有代表性的机构，具有高于体育系统与教育系统的权威，这样可以充分发挥更高级别组织机构的监督管理作用，有效促进体育系统与教育系统在推动中学足球体教融合下实战情境教学的有效实施。

五、创设多样教学情境对学生分层次教学

实战情境的创设主要是为学生服务，情境的实施目标也是充分调动学生的情绪，因此要求教师课上课下及时与学生进行沟通，尊重学生的想法，认真听取学生的意见和建议，使每一名学生都能够感受到教师的重视。教学过程中，重视心理健康教育，帮助学生克服心理障碍，激发学生的学习积极性，促使学生能够放下心理包袱，主动与教师进行探讨，运用良好的学习态度来配合教师上课，完成上课任务。同时，实战情境教学法是否能够成功地应用于学生中，关键在于教师在授课的过程中是否能够确立平等、民主与和谐的师生关系，是否能不将自己的意志强加在学生身上。另外，应当在实战情境设计方面做好相关规划。运用布鲁纳提倡的螺旋式编制，依据学生的年龄、性别及体质差异等设计实战教学情境，在难度方面层层递进，遵照学生的认知规律，依据学生的

性格特征来设计能够引发学生共鸣的足球实战教学情境，满足学生的不同需求。比如，在对足球绕杆运球技术进行训练的过程中，由于男女生的运球水平参差不齐，因此在具体的设计过程中，应当依据实战情境分层次地规划，可以在 1/3 的球场中每隔 3 米摆放一个标志盘，剩下的球场场地则分别隔 2 米与隔 1.5 米摆放标志盘，形成不同的教学场地情境，使学生能够依据自我需求寻找适合自己的教学场地，兼顾每一位学生的技能水平。因此需要教师在教学的过程中，充分尊重学生的需求，确保同一课堂的每一名学生都喜欢教师所布置的教学情境。

六、教师加强理论学习与实践教学能力

实战情境教学法的应用，需要教师具备丰富的理论知识，擅长在日常教学中进行交流，做好课前的准备工作。因此教师应多学习理论知识，研究多样化的教学方法与教学策略，并专心备课，从而实现高水平教学。另外，伴随着中学生理性思维及认知能力的不断提高，需要教师不断加强对学生群体的关注，探索一些符合学生心理与生理发展阶段的足球实战教学情境。中学生正处于青春懵懂的时期，性格活泼好动，好胜心与自尊心都较强，因此教师设计的情境教学应当具备趣味性与竞争性，以此激发学生学习足球的兴趣；同时要有励志性与挫折性，促使学生能够自主探索解决问题的方案，并学会团队协作。在课堂教学的过程中，教师应当同学生进行多方面的沟通与交流，灵活运用肢体语言，增强师生的情感；学会观察，洞察学生的思维与想法，关注学生对教学情境的喜爱程度，随时观察学生的情绪状态，并做好相应的记录，在不断观察的过程中学会创设符合学生认知规律的教学情境，以此来提升自我教学水平。

参考文献

[1] 卞伟伟. 我国“体教结合”相关研究进展述评 [J]. 吉林体育学院学报，2018，34 (5)：32-36.

[2] 蔡东礼.“比赛教学法”在中学足球教学中的应用探讨[J].体育世界(学术版)，2019(3)：174-175.

[3] 蔡磊.深度学习思维下中学足球教学策略[J].现代教学，2020(19)：49-50.

[4] 陈安. 日本足球青训模式对中国足球青训模式的启示[D]. 成都：成都体育学院，2019.

[5] 陈洪，梁斌. 英国青少年校园足球发展的演进及启示 [J]. 体育文化导刊，2013 (9)：111-114.

[6] 陈强，陈晓燕.校园足球发展模式与可持续发展研究[J].体育世界(学术版)，2019(12)：59-60，56.

[7] 陈桂芳.中职德育课情境教学的实践与反思[J].机械职业教育，2013(4)：53-55.

[8] 陈培春.谈情景教学法下的小学体育教学应用[J].才智，2019(19)：105.

[9] 陈宗金.新课标下八年级物理情境教学的创设研究[D].桂林：广西师范学院，2014.

[10] 邓秀文，蔡艺，卿润斌，等.简析校园足球背景下小学足球教学方案的设计与实施[J].青少年体育，2021(5)：46-48.

[11] 邓智辉.中学足球教学中比赛的运用方法探究[J].当代体育科技，2019，9(32)：162-163.

[12] 丁佐飞.“4×4”足球比赛在体育教学训练中的运用[J].新课程导学，2021 (26)：60-61.

[13] 段炼.我国 6-7 岁儿童适宜性足球游戏课程体系构建研究[D].长春：东北师范大学，2020.

[14] 樊英杰.小场地教学比赛在高中足球教学中的应用[J].当代体育科技，2021，11 (2)：126-127，130.

[15] 冯帅. 幼儿游泳教练员培训模式及培训方案研究[D]. 西安：西安体育学院，2020.
[16] 冯文. 基于情境教学法的对泰小学生汉语初级综合课《动物园》教学设计[D]. 哈尔滨：黑龙江大学，2021.
[17] 付韦珍. 初级汉语综合课《你要茶还是咖啡》教学设计[D]. 郑州：河南大学，2019.
[18] 国家体育总局，教育部. 国家体育总局、教育部关于加强全国青少年校园足球工作的意见[Z]. 2013-02-05.
[19] 国务院办公厅. 中国足球改革发展总体方案[Z]. 2015-03-16.
[20] 郝栋. 情境教学视角下小学生体育学习兴趣培养策略[J]. 科学咨询，2019(5)：127.
[21] 何聪. 中德青少年校园足球比较研究[D]. 长春：吉林大学，2020.
[22] 何宏伟，胡金祥. 体教结合——体育强国新视野下的竞技体育人才培养模式[J]. 科技视界，2019(34)：156-157.
[23] 洪雅秀. 情境教学法在小学体育教学中的运用[J]. 福建体育科技，2014，33(5)：62-64.
[24] 季浏. 体育心理学测量与评价[M]. 北京：高等教育出版社，2006.
[25] 教育部，国家发展改革委，财政部，等. 关于加快发展青少年校园足球的实施意见[Z]. 2015-07-27.
[26] 李化雨. 足球正脚背踢球技术教学策略模式的建构[J]. 兰州教育学院学报，2005(3)：56-59.
[27] 李建利. 论体育教学中学生创新能力的培养[J]. 职业，2014(15)：39.
[28] 李耀武. "比赛教学法"在高校足球教学中的运用[J]. 当代体育科技，2019，9(20)：91-92.
[29] 连頔. 新课程背景下高中英语情境教学策略探究[D]. 武汉：华中师范大学，2017.
[30] 梁东文. 创设情境调动小学生英语课堂学习兴趣的行动研究[D]. 天津：天津师范大学，2020.
[31] 刘恒睿. "体教结合"模式下上海市青少年羽毛球后备人才培养研究[D]. 上海：上海体育学院，2020.
[32] 刘旭，杨辉. 以大学生体育精神、道德培养为导向，构建高校新型体育教学管理体系[J]. 安徽体育科技，2015，36(6)：60-63，70.
[33] 刘永雄. 城郊初中"以赛促学，以赛促教"教育教学模式的构建——以足球教学为例[J]. 体育科技文献通报，2020，28(6)：28，54.

[34] 柳鸣毅，丁煌. 我国体教融合的顶层设计、政策指引与推进路径［J］. 上海体育学院学报，2020，44（10）：13-27.

[35] 柳鸣毅，孙术旗，胡雅静，等. 我国高等体育院校体教融合策略［J］. 体育学研究，2020，34（5）：21-30.

[36] 卢金占. 基于“教方法”视角下的体育有效教学策略探究——以水平四“足球技术与运用”单元为例[J]. 青少年体育，2020(6)：76-77.

[37] 麻雪田，王崇喜. 现代足球运动高级教程[M]. 北京：高等教育出版社，2002.

[38] 马向阳. “教体结合”背景下驻济普通高校高水平运动队办学现状与对策研究[D]. 济南：山东大学，2017.

[39] 孟凡华，徐盛嘉，赵寒治，等. 情境模拟教学法在高校足球课中的实验研究[J]. 体育科技文献通报，2020，28(6)：92-95.

[40] 莫小华. 情景教学法对提高少儿恰恰舞学习效果的实验研究[D]. 广州：广州体育学院，2021.

[41] 南京市人民政府办公厅. 南京市足球改革发展总体方案[Z]. 2017-12-29.

[42] 宁道新. 情境教学模式在高校公共排球教学中的应用研究[D]. 长春：吉林体育学院，2020.

[43] 任贤强. 提高中专学生足球实战技术能力的教学策略分析[J]. 现代职业教育，2020(12)：94-95.

[44] 水庆霞. 对构建基于“比赛情境”的青少年足球训练模式的思考[J]. 体育科技，2020，41(1)：7-10.

[45] 孙元昊，刘玮玮. “学、练、赛”在小学足球射门技术教学中的实施策略[J]. 校园足球，2021(5)：73-75.

[46] 汤夏. 竞赛机制在高校足球教学中的实践[J]. 当代体育科技，2020，10（18）：113-114.

[47] 唐长青. 情境教学法在高职体育课程中应用的探讨[J]. 运动，2016(14)：115-116.

[48] 唐炎，陈佩杰. 体教融合发展中的高考动力因素［J］. 上海体育学院学报，2020，44（10）：28-33+47.

[49] 万若婷. VR 技术在专业表演课程中应用的效果研究[D]. 上海：上海师范大学，2019.

[50] 王成楷. 足球情景教学法对 10-11 岁少儿足球运控球能力实验研究[D]. 北京：北京体育大学，2019.

[51] 王春花."小学体育兴趣化"背景下教学方法选用现状的调查研究[D].上海：华东师范大学，2018.

[52] 王浩.教学比赛在高校足球教学中的运用分析[J].当代体育科技，2021，11(25)：69-71.

[53] 王建强.农村中小学作文教学现状与对策[J].华夏教师，2020(8)：47-48.

[54] 王莉华，王长梅，麻晨俊.韩国校园足球发展经验及启示 [J].南京体育学院学报，2020，19 (4)：60-63.

[55] 王敏峰.比赛教学在小学足球教学中的运用试析[J].当代家庭教育，2021(25)：125-126.

[56] 王珊.高中体育选项课的情境兴趣研究[D].广州：广州体育学院，2018.

[57] 王娅番.情境教学法在对外汉语词汇教学中的应用[D].汉中：陕西理工大学，2021.

[58] 魏志鹏.英国青少年足球发展对我国校园足球发展的启示 [J].运动，2018(17)：4-5.

[59] 文雅，张金桥.课程思政在小学体育教学中应用的方法探讨[J].青少年体育，2021(11)：30-31.

[60] 吴基星.中韩校园足球管理体系比较研究[D].长春：吉林大学，2015.

[61] 小学体育与健康(3至4年级全一册)[M].北京：人民教育出版社，2014.

[62] 徐超.比赛教学法在小学足球教学中的运用[J].当代体育科技，2020，10(1)：119-120.

[63] 徐建华，黄仁春."会比赛、爱足球"为目标的高中足球教学实践探索[J].当代体育科技，2020，10(8)：144，146.

[64] 徐宁.情景教学在青少年足球教学中的应用研究[D].济南：山东体育学院，2020.

[65] 许章元，LEE J H.福建省中小学足球运动开展现状调查研究[J].中国教育技术装备，2020(11)：10-12.

[66] 闫毅.初一年级男生足球实战比赛主题大单元教学方案[J].体育教学，2022，42(1)：31-33.

[67] 杨红.小学体育教学中情境教学法的运用分析[J].田径，2018(9)：54-56.

[68] 杨志珍.浅谈体育教学中新方法的应用[J].科学大众(科学教育)，2008(6)：131.

[69] 袁佳伟.情境教学法在高校日语精读教学中的应用研究[D].长春：长春师范大学，2017.

[70] 翟智国. 体教结合背景下青少年业余体校的现状透视和未来发展[D]. 天津：天津体育学院，2019.

[71] 张凯."兴趣化"结合"实战性"足球教学实例探析——以《足球：守门员接低反弹动作方法》为例[J]. 青少年体育，2019(11)：52，60.

[72] 张磊. 基于 P-PE-PCK 发展的术科教学改革研究：从理论到实践[D]. 上海：华东师范大学，2016.

[73] 张楠楠. 情境教学法在初中足球教学中的应用研究[D]. 南京：南京师范大学，2020.

[74] 张庆新，刘娓楠，孙卫华. 初中足球实战比赛主题大单元教学方案的设计思路[J]. 体育教学，2022，42(1)：28-30.

[75] 张太杰. 小型比赛在初中足球教学中的应用[J]. 基础教育研究，2021(18)：86-87.

[76] 张新燃. 情境教学法对小学生体育兴趣及身体素质的影响[D]. 沈阳：沈阳师范大学，2019.

[77] 赵艳艳. 从奥运会中的化学知识说起——开发体育中的化学教学素材，提升学生科学素养[J]. 化学教学，2016(11)：29-34.

[78] 郑金洲. 教学方法应用指导[M]. 上海：华东师大出版社，2006.

[79] 钟秉枢. 体教融合背景下青少年体育赛事体系完善的路径研究 [J]. 体育学研究，2020，34 (5)：13-20.

[80] 周庆. 智慧教室环境下对外汉语教学案例分析——以李孝娴老师《这条裤子有点长》为例[D]. 长沙：湖南师范大学，2017.

[81] 朱炳辉，麦炯洪，陈宝玲. 核心素养视域下小学校园足球教学情境的设计研究[J]. 当代体育科技，2022，12(17)：72-74.

[82] 邹来超. 探究初中体育教学中兴趣教学法的运用[J]. 田径，2022(4)：74-76.

图书在版编目(CIP)数据

基于体教融合的湛江市中学足球实战情境教学研究 / 吴亮，孙跃东著. —长沙：中南大学出版社，2024.10

ISBN 978-7-5487-5751-1

Ⅰ. ①基… Ⅱ. ①吴… ②孙… Ⅲ. ①足球运动—运动训练—教学研究—中学 Ⅳ. ①G633.962

中国国家版本馆 CIP 数据核字(2024)第 058543 号

基于体教融合的湛江市中学足球实战情境教学研究

JIYU TIJIAO RONGHE DE ZHANJIANGSHI ZHONGXUE ZUQIU SHIZHAN QINGJING JIAOXUE YANJIU

吴　亮　孙跃东　著

□出 版 人　林绵优
□责任编辑　谢金伶
□责任印制　唐　曦
□出版发行　中南大学出版社
社址：长沙市麓山南路　　邮编：410083
发行科电话：0731-88876770　　传真：0731-88710482
□印　　装　广东虎彩云印刷有限公司

□开　　本　710 mm×1000 mm 1/16　□印张 11　□字数 200 千字
□版　　次　2024 年 10 月第 1 版　□印次 2024 年 10 月第 1 次印刷
□书　　号　ISBN 978-7-5487-5751-1
□定　　价　68.00 元